History and Society through
Women's Eyes in Social Studies Lessons

女性の視点でつくる
社会科授業

升野伸子
國分麻里 【編著】
金　玹辰

学文社

はしがき

　理系女子を指し示すもので「リケジョ」という言葉がある。理系を希望する・選好する女性が少ないという理由から，ここ数年，官民あげてそのジェンダー・バイアスを取り除く試みを推進している。

　それでは，社会科女子，略して「シャカジョ」はどうなのか。世界のこと，日本のこと，世の中のことを地理や歴史，政治・経済などで教える教科が社会科である。しかし，この社会科教員に占める「シャカジョ」の比率は，注目を集める理数系教員の「リケジョ」の比率よりも低いという話がある。加えて，日本では官僚や国会議員，会社役員などの女性リーダー比率は世界的に見ても低い。また，妊娠・出産後も前の職場で働きたくても子どもを預けるところがなく退職を余儀なくされる女性がいるのも日常的な風景となっている。巷で聞こえてくる「女性活躍」という言葉が空しく聞こえる。こうした日本社会での女性の立ち位置は，世界や日本の社会について考える社会科での「シャカジョ」の立場とまったく関係がないと言えるであろうか。

　このような問題意識のなかで，2014年から社会科ジェンダー研究会が始まった。研究会の参加メンバーは10余人の小中高大の女性教員である。発足当初はジェンダーという概念に注目したために女性だけでなく男性もメンバーに入れようという意見や，検討内容も女性だけに限定せずセクシャリティも含めた幅広い議論が必要であるという意見もあった。だが，研究会を重ねるなかで，女性に焦点を当てることになった。社会科において今まで女性のことを十分に扱ってこなかったという思いに突き当たったからである。「シャカジョ」の少なさはもちろんのこと，どうして歴史教科書には男の「英雄」しか出てこないのか，スーパーで買い物する写真はなぜ「女子供」なのか。授業実践においても，女性の視点が充分に反映されたものはほとんど見られなかった。3年にわたる研究会活動のなかで，メンバーたちはこれまでの自己の個人的な経験や各

ii　はしがき

自が行った授業などを振り返り，社会科の授業において積極的に女性の視点を取り入れる必要性を共有した。そして，各自がもつジェンダー意識から自分の授業を問い直した。それが本書である。

　本書は，「女性と男性」「女性と歴史」という2つで構成されている。

　第1部の「女性と男性」の副題は，「区別と差別」である。女性と男性の違いを認め，それぞれに応じた扱いは必要である。しかし，「女性だから」「男性だから」ということで，一方を優先したり他方を軽視したりすることになる場合もある。以前より露骨な目に見える差別が少なくなっている現在において，今なお存在する差別の状況に気づき，いかに考えていくべきかを現在の日本や世界の状況から学ぶのが1部である。「いつから性別役割を意識するようになり，遊びや家庭の環境は子どもにどのような影響を与えているのか」，「一般社会での男女間の賃金や平等概念から男女の差がどのようなもので，いかに解消していくべきなのか」という問いに対する授業内容で構成されている。

　第2部の「女性と歴史」の副題は，「『これまで』と『これから』」である。過去から現在までの歴史のなかで主に近現代を中心に女性の存在を問い直し，今後の女性の未来を考える授業内容である。明治の皇室典範制定での女性天皇の扱い，女性運動家である奥むめおの思想，女学校生の経験した戦争，男女雇用機会均等法の成立がそれぞれのテーマとなっている。近代に入り，国民国家が形成されていく過程で明治憲法ができ，富国強兵のかけ声の下で性による序列化が明確に進んでいく。女性に向けられた多様な視線のなかで，女性がひとりの人間として生きていくために，いかに社会に順応したり闘ったりしたかを2部は扱っている。

　本書のもっとも大きな特色は，それぞれが自らのジェンダー意識と女性の視点から小中高大で行った授業実践を児童・生徒・学生の認識とともに提示し，分析したところにある。ジェンダーに関する理論や教材の提示は，これまでも

多くの先達によってなされてきた。しかし，本書は各自がそれら先行研究から学び，自分のジェンダー意識からいかに社会をみるのかを児童・生徒・学生に示し，一緒に考えたものである。現在までも，ジェンダーや女性に関する個々の実践はあったが，こうしてジェンダー意識と女性の視点を重視した授業実践として1冊の本にまとめられたものはない。本書は社会科が中心であるが，道徳や総合的な学習の時間の授業実践も含むのは，各自のジェンダー意識と女性の視点から授業をつくったところに由来している。

　もちろん，こうした実践を理論的にみると，その視点や実践者の意識，分析の不十分さが目につく個所もあるかもしれない。それは，こうしたテーマで初めて授業実践を行ったという理由だけではない。教育現場では，ジェンダー理論のすべてを実践へ反映させることはまだ難しかったからである。学習者の置かれた状況は刻々と変わり，子どももそれぞれ異なっている。教員は，こうした学習者の状況に即した実践を手探りで進めたことを本書で理解していただけると幸いである。

　ところで，本書で掲載されたこれら授業実践はそれまでの社会科の枠組みと多分に異なっていることもわかるであろう。このような意味で，本書は，女性の視点に注目したジェンダー学習という特別な授業を集めたものとなった。しかし，これら特別な授業が社会科実践のなかで普通になること，それが私たちの願いである。

　本書は，2017年度の竹村和子フェミニズム基金の助成を受けて刊行する。本書の価値を最初に認めてくれた本財団の助成通知にどれほど力づけられたかわからない。また，本書の刊行では，学文社の田中千津子社長にご尽力をいただいた。ここに感謝の意を伝えたい。

　2017年12月1日

　　　　　　　　　升野伸子　國分麻里　金玹辰

目　次

はしがき……………………………………………………………………… i

第1部　女性と男性──区別と差別──　1

第1章　いつから男と女の区別ができるのか？ ……………………2

　1．なぜジェンダーの授業か　2

　2．教材・児童について　3

　3．アンケートに見られる子ども達の意識　5

　4．実践について　6

　5．考　察　11

第2章　女の子のおもちゃ？　男の子のおもちゃ？ ……………… 14

　1．バービー人形で考える社会　14

　2．バービー人形でつくる授業　16

　3．バービー人形で気づく学生のジェンダー認識　21

　4．これからの社会科のために　24

第3章　男女の賃金格差はなぜ生じるか ………………………… 25

　1．見えない差別に気づくには　25

　2．授業の概要とねらい　26

　3．指導案　27

　4．授業の詳細と分析　28

　5．新たな気づき　33

目　次　v

第4章　「平等」から性差別を考えると？ …………………………… 36

1．性差別を本質的な理解へ　36

2．背景及び先行研究　37

3．教材の工夫　37

4．指導案　39

5．授業の様子と生徒の認識　43

6．成果と課題　46

column1　「なんかヘン？」の理由発見法　47

第2部　女性と歴史──「これまで」と「これから」──　49

第5章　「明治的伝統」はいかにして作られたか──皇室典範制定
過程における女性天皇の扱いから考える── …………… 50

1．なぜ皇室典範と「明治的伝統」なのか　50

2．主題について　52

3．授業実践　54

4．生徒の変容と課題　57

5．皇室典範における女帝の扱いと「明治的伝統」との関連を
扱って　59

第6章　台所と政治はどう繋がるのか？
──暮らしに根づいた女性運動家・奥むめお── ……… 61

1．問題関心と教材としての「奥むめお」の意義　61

2．奥むめおの社会参画への歩み　63

3．授業実践　65

4．今後の課題　72

vi 目 次

第7章　戦争での女性の役割とは何か
——女学校生の学徒勤労動員—— ………………………… 73
1．本授業開始のきっかけ　73
2．冊子の内容　75
3．本校の学徒勤労動員の歴史を踏まえた授業実践　76
4．卒業生のアンケート　82
5．今後の課題　84

第8章　男女雇用機会均等法はなぜ必要だったのか ……………… 85
1．なぜ男女雇用機会均等法なのか　85
2．教材について　86
3．授業実践について　88
4．授業に関する学生の認識　89
5．授業の成果と課題　94

column2　社会科教科書におけるジェンダー〜それは社会の反映？
どちらが先なのか……〜　96

あとがき ………………………………………………………… 98

執筆者 …………………………………………………………100

第 1 部

女性と男性
——区別と差別——

第 1 章

いつから男と女の区別ができるのか？

井山　貴代

1．なぜジェンダーの授業か

　養護学校高等部，小学校の各学年と 20 年以上にわたって性教育に関わったなかで，生物学的内容やマナーに関わる内容だけでなく，ジェンダーについて考え，「自分らしさを大切にしよう」という授業実践に出会う機会があった。自分らしく生きるとはどういうことか，性差別にノーが言える人になってほしい，また無意識のうちに性差別のなかに生きている子ども達には自分とは違う考え方や性差別によって苦しむ人がいることなど視点を広げる学習になってほしいと願っての実践である。

　周囲に目をやると，教員のなかにも平気で「男だから／女だから〜」とためらいもなく口にする人を見かける。小学校はまだ男女の体格差も小さいながら（むしろ高学年では女子の方がその成長特性から体格がよい）高学年で男女別にチームを組んでボールゲームを指導する様子も時々見られ，暗に「男子は得意，女子は苦手なボールゲーム」という意識を刷り込んでいるようにも感じられる。こうした実態は早急に改善されなければならないものの，口にする人は性差別に疎い。また大人の意識を変えていくには覚悟とエネルギーが必要である。保護者のなかにも「男だから／女だから〜」と言って子ども達をしつけようとするケースが若干見られる。一方で，筆者はまだほとんどの人びとが意識することのなかった 30 年近く前に 1 年間育児休暇を取った男性教員やごく最近，平日

第1章　いつから男と女の区別ができるのか？　3

の家事育児は夫の役目としてその役割を日々果たしている同僚にも出会うことができた。社会は個人レベルで変化を見せているが，しかしそれが主流になっていない。社会のなかで周囲からの差別に気付き，適切な対応ができることや性差別的なものの見方に染まらない考え方ができることは大切なことであると感じている。そうした意識や考え方を育むきっかけになればと本実践を行った。

　本実践は4年生での道徳の実践がきっかけだが，これが5年生へと学年が上がると，どのように子どもの意識や思いが変化していくだろうか。2学年での実践を紹介する。

2．教材・児童について

　神奈川県では小学5年生を対象に，県民局くらし県民部人権男女共同参画課で作成している『こんな子いるよね』という冊子を配布している。2010年度の改訂前は見開き2ページの漫画形式で，「自分がやりたいこと，得意なこと」「家事について」「職業について」という3項目6ケースが採り上げられた小冊

図1-1　配布した事例のひとつ「やりたいことっていろいろ」
出典）神奈川県県民局くらし県民部人権男女共同参画課『こんな子いるよね』

4 第1部 女性と男性

子。短い読み切りながらよくまとまった話の展開である。漫画の後には，「授業にあたって」と指導の助けになるよう各内容のテーマや話し合い，押さえるべきポイントが示されている。漫画を読んでみると，「男の子なんだからしっかり勉強していい学校，いい会社に入りなさい」「女の子なんだから家の仕事をやるのは当然」と今の時代でも家庭で交わされていそうな会話や，友達の家では父親が主夫，母親がフルタイムで仕事という姿を見た主人公が，自宅に帰って家のことをまったくやらない父親や兄の背中を批判的にみる様子など，リアルな日本の今が描かれている。

4年生では，いくつかをピックアップして授業資料とした。また，現在神奈川県で配布されている本冊子は，A4サイズのリーフレットになり表現方法が変化し焦点化による扱いが難しくなったと感じている。実践では，比較のため同じ資料（2004年3月発行版）を使用することにした。4年生では他に『ジェンダー・フリーの絵本③働くってたのしい』の内容を一部使用し，職業についての理解を助けることにした。また子ども達から取ったアンケート結果を常掲するようにし，一部の子が抱える悩みを共有し，指導するクラスでのジェンダー視点の問題点が意識できるようにした。

5年生の場合は，理科「メダカのたんじょう」「人のたんじょう」単元後の実践である。これらの単元は，「受精」の過程を押さえる。しかしながら，人の誕生の場合，女性の卵子と男性の精子の確認はするものの，子ども達にとって一番の関心事である人間の受精＝性交の過程は明確に扱われることはなく，ここは担任の裁量に任される。本クラスは，この点について一部児童から疑問として挙がったこととして，またクラスのスタート時，性に関わる情報が歪んでとらえられていると思われる言動が見られたことから「人のたんじょう」の学習を機会に性交について扱い，今の自分が自分としてこの世の中で生を受けていることは，実は大変低い確率のなかで起こり得たことであることを伝えた。5年生については，こうした学習経験を経ての本実践である。

3．アンケートに見られる子ども達の意識

　4年生のアンケートについては，①「性別を理由に言われたいやな思い」，②「仕事の男女イメージ」の2点を質問項目とした。5年生のアンケートには，①は4年生と同じだがメディアなどで取り上げられるジェンダーについても質問項目に盛り込み，②テレビやまんが，本などに「これは男らしさや女らしさを強調しているな。」「これは『男がやること／女がやること』と固定した見方でものごとがえがかれているな。」と思ったことや，そのような人びとの言動を見聞きしたことがありますか。とし，③に「仕事の男女イメージ」を持っていった。

(1) 4年生の場合

　①については，具体的な回答は33名中6名（男女それぞれ3名ずつ）。男子に対し「親による，男だから泣くな」「スポーツコーチに，いつまでも泣くな」，女子に対してはすべてが親からで「妹とのトラブルに，女なんだから静かにしろ」「お母さんが家事をしているのだから手伝いなさい」という事例が挙がる。後者については「好きなことをしたいのに兄には言わない」と添えられ，前述の漫画のような家庭の様子が窺えた。「親から，女のくせに泣くんじゃない」と言われた事例も挙がる。どんな場面で言われた言葉なのだろうか，場面の説明はなかった。

　②については，普段の話で仕事の性差が無くなってきている話をしているにもかかわらず，少数ながら「タクシードライバー」「会社社長」「大工」「工事（筆者注：力仕事を目指していると思われる）」「コック」「看護師」「保育士」「パイロット」「ガイド」「家事」などが挙がってきた。なかには「まんがか」などもあり，とても狭い生活圏で生活していると思われる回答が見られた。

6 第1部 女性と男性

(2) 5年生の場合

　具体的な回答があったのは32名中7名。① については，男子の場合「荷物を持て」「女を守れ」「できないことに対し，男だからできるだろうという性差による能力の決めつけ」「語尾の柔らかい表現に対し，『女か？』というしつこい問いかけ」「祖父からの『男なんだからちゃんとしろ』と言われた」といった回答があった。また女子の場合「跳び箱は6段までやっていればいい」「親の手伝いをしろ」「『女子力』を上げろ」といった回答である。数は少ないものの昔から言われ続けた内容を未だに引きずっているという印象である。一方で「女子力」というのはいかにも今風な言葉である。子ども達からは，言葉の意味に対する疑問の声が挙がるばかり。さまざまな情報に晒される現代でありながら小学5年生ではこうしたはやり言葉からは一定の距離がある，と感じられた。

　② については「恋愛漫画，ドラマで主人公は女であることが多い」といった回答に対し「男もあるよ」と反応があった。また「『男は筋肉がなきゃいけない』という人を見た」という回答があり，これはバラエティ番組での一コマだという。

　③ については男の仕事で「大工」「力仕事」が挙がったが，この回答については授業中，児童間で修正があった。女の仕事では「家事」が2名。この回答についてはある男子児童が，自身も家事労働の一端を支え「男は女を守れ」という言葉に「強い女子だっているのだから，自分の身は自分で守るもの」という反応がありながら「家事は女の仕事」と一見矛盾した考えを主張し，他児の疑問を誘っていた。そのため第3次で「家事」を中心に授業を進めることにした。

4. 実践について

(1) 4年生の場合

① 指導目標

・自分の特徴に気付き，よい所を伸ばそうとする気持ちをもつ。

第1章　いつから男と女の区別ができるのか？　7

・友達と互いに理解し，信頼し，助け合おうとする。

② 指導の流れ

第1次　ジェンダーアンケート （0.5時間）

第2次　アンケート結果について考えよう （1時間）

第3次　職業や役割分担について考えよう （1時間）

第4次　自分らしく生きるとはどういうことか考えよう （1時間）

③ 指導の実際

　第2次では，アンケートの順に意見交流を行った。①の結果に自分にもあったと経験を振り返る言葉がきかれた。しかしなかには，兄弟で年齢的な上下により固定的に見られている事例も挙がってしまい，家庭内における不満の吐き出しになってしまう子どもがいた。またジェンダーとは無関係に親から言われた傷つく一言も挙がるなど理解力の問題もあぶり出されてしまった。一方，発言のなかに「男，女って考え方って，なんか戦争中みたい」という声が挙がり，他児の反応は薄かったが，歴史や人権についての学習につながることを期待したい。「これからはテレビの宣伝をよく見よう」という新たな関心をもつ視点を得たという感想もあった。

　②の結果を公表したところ，職業に対する認識に「え？　それっておかしい！」と反論が起こる。また学習感想に「男，女だからという考え方っていつ頃から始まったんだろう？」という感想が綴られていた。「『男だから／女だから○○』という人は，自分はどうなんだろうか？」という差別的発言を転換させると矛盾が生じるという指摘も感想のなかに複数見られた。差別的に扱われる側の記憶の強さも当事者や他者の経験に触れて感じたこととして挙がっていた。学習感想のなかには，「自分が言われて気にならないことが気になる人もいるんだな」という内容もあった。性差を強調しすぎることの息苦しさもあることを思えば，こうした意見にも注目し，「自分らしさとは何か？」を幅広くとらえて学習を進めていきたい。職業認識については，児童間で修正され，先にあげた『ジェンダー・フリーの絵本』でも補完した。提示した資料は「その

8 第1部 女性と男性

仕事の男／女性第1号」やマイナーだった頃にどんな思いを持って就労したかというケース事例を扱った。そのこともあり，感想に「夢を捨てずに持ち続ければ自己実現がかなうんだ」と自信を持って生きる勇気につながるものや資料にあげた人の強い意志に感心したもの，また「職業の性差はない方がいい」と世の中や人びとの意識の在り方の理想に触れたものもあった。

　こうした考察が十分にクラス全体で共有できたかというと，ジェンダーについて考える程まだ身体的精神的成長が遂げられていない児童も教室に半数はいるのが事実である。県が先にあげた冊子を5年生で配布するのは，そんな理由からであろうか。

(2) 5年生の場合
① 指導目標
- 自分の特徴を知って，よい所を積極的に伸ばそうとする気持ちをもつ。
- 互いに信頼し，学び合って友情を深め，男女仲良く協力し助け合おうとする。
- だれに対しても差別をすることや偏見をもつことなく公正，公平にし，正義の実現に努めようとする。

② 指導の実際
　指導の流れについては，4年生と同じである。アンケート結果をもとに意見交流を行う第2次が，一番の盛り上がりを見せた。

　①「男だから／女だから〜」についてはそこにあらわれた言葉遣いや能力差，行動に対する規範意識（「男だからちゃんとしろ」という言葉に見え隠れする意識）はそこに見られる差別性や矛盾が子ども達の話し合いで共有された。「女子力」という言葉に意見が集中した時にひとりが「なりたくてなった性別ではない」という意見を発した。性差や個性を肯定的にとらえるか否定的にとらえるかは個人に任されるが，さまざまな場面で社会の見方がどちらか一方に肩入れしたり否定的にとらえたりすることがあってはならない。私たちがこの世の中に存

在することは自然なことであると考えれば性差別的な見方は徹底的に排除されるべきである。示唆に富んだ発言であり，もう少しこの意見に指導者がこだわってもよかったかと思う。

②のメディア表現に見られるジェンダーについて「恋愛漫画，ドラマの主人公は女性が多い」という意見には，男女の差はないという指摘が挙がる。漫画は「少年漫画」「少女漫画」のようにジャンルに分かれて発行されており，提供する側が男女を意識しているのは事実である。読者がそのジャンルにとらわれているかそうでないかによって受けとめられ方は変わってくるのではないだろうか。もうひとつの「男は筋肉がなきゃいけない」についてはテレビ番組でのタレントの言葉としてすぐに子ども達はその場面を理解した。この日の学習感想には「男女別なくどんな体形の人がいてもよい」という記述が見られ，この時点でのメディアの刷り込みに大きな影響力はないようである。

③の仕事に対する男女差については，先にも触れたが，一児童の，能力差は性別で判断するものではないと主張し，家庭でも忙しい両親に代わって家事の多くを請け負っているにもかかわらず「家事」は女性の仕事と一見矛盾する意見を述べ続けていたことをきっかけに，それまで静かに聴いていた児童も口を開き始めた。共働き家庭が多く，家事が子どもを含め家族皆で負担する家庭がほとんどのクラスで「うちのお父さん家のこと何もやらない」という実態報告から「家事ができない男は将来的に困るのでは」という意見，家庭科授業の存在意義まで挙がった。この話し合いでは5年生ながら家事に一切携わらない児童もあぶり出され，第3次を「家事労働」を切り口に進めることにした。

第3次では資料として，『こんな子いるよね』のなかの家事労働を父親が，外での仕事を母親が行う家族，皆で無理なく協力して家庭生活を送る友達に驚いた主人公が家に帰ってその報告をしながら，母親に過度の家事労働が任される自分の家庭を見つめる漫画を扱った。父親が家事労働というケースに違和感を持った児童も多かったが，見開き漫画の右は皆で協力する家庭，左は一部の人に負担が偏る家庭という見方で考えてもらう。先にも記したとおり，学習感

10 第1部 女性と男性

想に「父親が夕方家にいるのは違和感がある」という意見もありながら，家事労働は家族皆で協力することが理想とする意見が大半であった。また家事を多く負担する男児2名にどんな仕事をやっているのか訊いたところ，ひとりは「掃除，洗濯，風呂掃除，食事作りの手伝い」，もうひとりは「姉と買い物をして家族全員の食事作り」と答えていた。この発言は他児に感心をもって受けとめられ，指導者も，家族の一員として認められている証拠であることとクローズアップしたところ，まんざらでもない様子であった。子ども達に近い存在の大人がこの姿を肯定することで家事労働を含めた仕事への性差は薄まるのではないだろうか。何よりも男女を問わず家庭の大切な仕事を任せるこの親たちのしつけ方に感心させられる。

　第4次は前時を受け『こんな子いるよね』の「やりたいことっていろいろ（写真資料）」を提示。「男の子だから／女の子だから」の典型的な親のプレッシャーにうんざりする兄妹が登場する漫画である。すでに第2次で語り尽くされた感があり，話し合いとして成立したとは言い難い。しかしながら学習感想に「何らしさを大切に生きていきたいか」を考えながらまとめるよう視点を示したところ「自分らしさを大切にしたい」という当然出るだろう意見に加え「自分の好きや得意を生かす」「人に流されない生き方」「（性別による）決めつけはいや」そして「自分らしく生きることは自信につながる」といった意見が添えられていた。なかにひとり「男らしさを大事にしたい」と綴った男児がいた。日頃友達と一緒にふざけもするがからかわれる様子も散見され，授業でも前に出られず自信を無くしかけている，そんな姿が目につく児童である。「男らしさ」にどんなイメージを持ってこのまとめにしたのか，個別にこの児童の悩みに向き合っていきたいと思わされた意見である。

③第2次指導案

学習活動	指導上の留意点
アンケート結果をもとに話し合い，意見を交流しよう。	
○「男だから／女だから〜」について出た事例について話し合おう。 •「男のくせに泣くな」っていう人は，泣いたことないのかな。 •「男だからちゃんとしろ」って言うけれど女はちゃんとしなくていいの？ •「女は家の仕事をしろ」っていうけれどおれ，男だけど家の手伝いやってるよ。 •うちのお父さん，「男はちゃんとしなきゃ」って言う。	•アンケート結果は資料として児童に配布し黒板にも掲示し事例を見やすくする。 •どんな意見も出しやすいような雰囲気づくりに努める。 •意見を板書し次時の話し合いのテーマにつなげたい。 •フリートーク，オープンエンドにし，あくまでも一人ひとりが自分の考えを確立できるようにする。 •指導者も一発言者として自分の考えを述べることもするが，指導者と異なる意見も大切にする。
○「これは男／女の仕事」のアンケート結果について話し合おう。 •女の大工見たことある。 •保育園に行っていた時，男の先生もいたよ。 •「男の仕事，女の仕事」ってあるのかなあ。 •家事は女の仕事じゃないの？	
○次時予告〜この時間の話し合いから次の時間は「〜について」もう少し皆の意見を聴いていきます。	•本時の学習感想をまとめさせ，次時の授業に活用する。また発言しないが皆に伝えたい児童の意見を共有するためにも文章でまとめる時間を必ず持つようにする。

5．考　察

(1) アンケート結果から

　子ども達のジェンダーのハードルは年々低くなっている。職業への男女差意識も減少傾向である。今の子ども達は，色や服装，髪型，職業などが男女を区別する要素でないことは当たり前になっている。それだけ生活様式の自由度が広がったと言える。しかし，この15年「男だから／女だから〜」と言われる

12 第1部 女性と男性

事実は相変わらず存在する。思春期以降どのようなきっかけが,「男らしさ／女らしさ」を強調したくなることにつながるのだろうか。そこには,先に述べたような教員の児童,生徒への言葉がけや親の意識も少なからぬ影響につながっているのではないか。アンケート結果だけをみると,小学校段階で果たして今の時代,ジェンダーを意識する授業をやる必要はあるのだろうかという思いに至るが,子ども達の親より上の世代にあらわれる言動を考えると,その後の人生においてジェンダー・フリーの意識を持つためにも必要なのかと考える。

(2) 授業をどのように

前項でも触れたが,今の子ども達の小学校段階の姿からは「何が何でも授業で子ども達に一石投じたい」という強い思いが,正直生まれない。外見や職業性差が今よりも明確だった時の方が提示資料を基に話し合う意味も子ども達にはとらえやすかったのではないか。授業の組み立てもはるかにはっきりと,資料探しも押さえたいことがはっきりしている分,探しやすかったように思う。

授業実践は,ここ最近,アンケート結果についての話し合いやそこで生じた課題について話し合うという足場の定まらないものになってしまっている。アンケート結果について意見交流する第2次は自分の意識を他者と比べる興味深い時間として話し合いもある程度活発に進むが,時間を重ねる程に不活発に流れているように思う。思い切りよく指導者の問題意識で授業を成立させてしまうこともできるだろうが,その場合はアンケートによる意識調査やそれに連なる意見交流の時間から少し時間をおいて実践を行うべきではないか。また5年生のアンケート②の「世間で扱われるジェンダー」について扱うこともできたのではないか。一方,アンケートによる子ども達の実態を土台に授業を進めるのであれば,実施時期やかける時間,集約して実施するのか,時間をおいて1年間なのかという実施方法などは柔軟に設定したい。

(3) 子ども達の実態に合わせて

　4年生と5年生で同じように授業をやってみると，やはり1年違うことによる理解力の差は大きい。職業については，4年生ではまだまだ生活圏が狭く，明らかに男女差がないと思われるような職業が挙がってしまうという珍事が起きた。また話し合いでもジェンダーの意識化で行っているはずが，兄弟への思いと混同し，家庭生活での愚痴になってしまい，指導者が元に戻すことになってしまう。これが5年生では，同様に兄弟に対しての思いも飛び出すが，自分たちで軌道修正はできると感じている。

　授業はあくまでも目の前の子ども達の実態に合わせるべきで，4年生のアンケートをもう少し簡単にして4年生で，5年生でと2段階に分けて実施するという，あえて4年生での実施にこだわるか，5年生単独で実施するかということが考えられる。

　インターネットが高度に発達し，ゆがんだ性情報やジェンダー意識に常に晒されているのが今を生きる子ども達の特徴のひとつであることも子どもの実態を考える上では意識したい。

【参考文献】

神奈川県男女平等教育参考資料作成委員会『こんな子いるよね』（第5刷）神奈川県県民局くらし県民部人権男女共同参画課，2004年3月。

神奈川県男女平等教育参考資料作成委員会『こんな子いるよね』（第8刷）神奈川県県民局くらし県民部人権男女共同参画課，2017年3月。

朴木佳緒留編文・もりお勇絵『ジェンダー・フリーの絵本③ 働くってたのしい』大月書店，2001年。

第2章

女の子のおもちゃ？　男の子のおもちゃ？

金　玹辰

1．バービー人形で考える社会

　2017年は「リカちゃん」が生まれてから50周年を迎える年である。それを記念し，3月に松屋銀座で開催された「誕生50周年記念リカちゃん展」に足を運んでみた。雨が降る月曜日の朝，デパートの会場では，子連れのお母さん，大学生ぐらいに見える若い女性，友達らしい年配の女性のグループなど，さまざまな年齢の女性たちで満員であった。この日本を代表するおもちゃは世代を超えて女の子に愛されてきたが，韓国人である私にはあまり馴染みがない。代わりに，世界的に有名なバービー人形は子どもの時から欲しかった覚えがある。しかし，私を除いた3人が男の子であったわが家では，おもちゃといえば戦隊ロボであった。

　このような個人的経験から「子どもの時どんなおもちゃで遊んだか」は，その後のジェンダー化に与える影響が少なくないと感じる。青野（2016）は，子どもは誰でも，色とりどりのおもちゃで視覚的刺激になり色彩感覚を培い，役割遊びを通して，その後の人間関係を模擬体験することができるという。だが，女の子用・男の子用と分類されたおもちゃはその機会を狭めていないかと指摘し，おもちゃ屋の広告を調べ，それをKJ法で整理する大学でのアクティブラーニングを提案している。最近のおもちゃの特徴とともに，女の子用と男の子用のおもちゃの違いに気づき，子どものジェンダー化とおもちゃの関係を考え

第2章　女の子のおもちゃ？　男の子のおもちゃ？　15

ることが目的である。

　日本のおもちゃ屋の広告では，まだ女の子用と男の子用に区分して提示していることが多い。一方，近年欧米では子どもの性別にかかわらず，幅広い遊びの経験を与える働きかけをしている。たとえば，イギリスには「Let Toys Be Toys」（おもちゃをおもちゃらしくしよう）という保護者団体があり，おもちゃ屋の広告やお店での男女別の表記をなくすための働きを行っている。これに影響を受け，オーストラリアでも「Play Unlimited」（制限なく遊ぼう！）という団体が生まれている。

　このような欧米の社会的雰囲気を反映しているおもちゃ会社のひとつがマテル社であり，作っている代表的なおもちゃがバービー人形である。バービー人形は，セクシーさを強調する女性のステレオタイプを形成しているという批判も受けてきたものの，最近は積極的にジェンダー・フリー化を目指している。2015 年の CM，Moschino Barbie! では初めて男の子が起用され，2 人の女の子とともにバービー人形で遊ぶ姿が見えた。また，2017 年のスーパーボウルの間では，6 組の父親と娘がバービー人形で遊ぶ CM，Dads Who Play Barbie が放送された。この CM は「You can be anything」（あなたは何にでもなれる）という文句で最後を締めている。実際に，バービー人形は，女性の社会進出を反映しながら 150 以上の職業を持っており，なかでは，宇宙飛行士や大統領候補など，実際の女性の社会進出よりも早かったものもある。

　一方，多国籍企業であるマテル社に対しては，バービー人形を作る海外工場の労働環境の厳しさと安い賃金の問題が指摘されている。女の子に夢を与えてきたバービー人形であるが，それを作っている人びとは開発途上国の貧しい労働者であり，その多くが若い女性である。このような状況に注目したのが 1980 年代のオーストラリアの地理教科書，*New Wave Geography*（Stowell & Bentley, 1988）である。この教科書では，「バービーが世界に行く」という単元が設けられている。そこでは，まずバービー人形の誕生 25 周年を記念する記事と 1970 年代後半の韓国工場における女性労働者の状況が掲載された記事を

16　第1部　女性と男性

通してマテル社の販売戦略や海外工場の立地変化を学ぶ。そして，今後のマテル社の海外工場を予想するシミュレーションを設けている。約30年前の状況を反映した教科書の内容であるが，その後のマテル社の海外工場の基準は大きく変わっていない。

　以上のように，子どもの時欲しかったバービー人形を大人になって見れば，子どものジェンダー化，女性の社会進出，世界的な労働問題などが次々と見えてきて，社会を多面的・多角的に考えることができる。そこに社会科教材としてのバービー人形の魅力があるのではないだろうか。

2．バービー人形でつくる授業

(1) 単元構成

　本実践は大学生を対象にした90分の講義で行ったものであるが，表2-1のように小中高では3時間の単元構成として実践できる。バービー人形を通して，1時間目は①子どものジェンダー化，2時間目は②女性の社会進出，3時間目は③世界的な労働問題について学ぶ。なお，各内容については，①日本のおもちゃの広告を調べ活動，②バービー人形の変化からみるアメリカの多文化社会，③海外工場立地のシミュレーションのように，1時間ずつ増やし行うこともできる。

(2) 授業の展開と教材

① 子どものジェンダー化：女の子のおもちゃ？　男の子のおもちゃ？

　1時間目はおもちゃを通して子どものジェンダー化に気づくことをねらいとする。そのため，大きく4つの問いに対し，学習者が自分の意見を述べることで授業を進める。導入では，まず「a．子どもの時，あなたはどんなおもちゃで遊んだか？」に対し，学習者は自分の経験を述べたり他の人の話を聞いたりすることで，おもちゃの男女差を確認する。続いて，「b．男の子は乗り物，女の子はぬいぐるみを好むのは本当？なぜそうだと思う？」という問いについ

第2章　女の子のおもちゃ？　男の子のおもちゃ？　17

表2-1　バービー人形で考える社会の単元構成

① 子どものジェンダー化：女の子のおもちゃ？　男の子のおもちゃ？	導入：子どものジェンダー化について話し合う。 a．子どもの時，あなたはどんなおもちゃで遊んだか？ b．男の子は乗り物，女の子はぬいぐるみを好むのは本当？　なぜそうだと思う？
	展開：おもちゃ売り場を調べる。 c．おもちゃ売り場の女の子用と男の子用の区分はあり？なし？ d．おもちゃ売り場で男の子がリカちゃん人形，女の子はロボットを欲しがっている。どうする？
	まとめ：2015年のバービー人形のCMを見てみよう。
② 女性の社会進出：私たち，女の子はなんでもできる	導入：2017年のバービー人形のCMを見てみよう。
	展開1：リカちゃん人形とバービー人形を比較する。 a-1．なぜ日本ではリカちゃん人形が人気があるか？ a-2．なぜバービー人形は世界的な人気を得ているか？
	展開2：バービー人形の職業を調べる。 b-1．これまでのバービー人形はどのような職業を持っていたか？ b-2．バービー人形が持つ職業の意味は？
	まとめ：バービー人形の職業を調べる。 c．これからのバービー人形はどのような職業を持つか？
③ 世界的な労働問題：バービー人形を作る工場の立地変化	導入：バービー人形の製造について考えてみよう。 a．バービー人形はどこで誰が作っているか？
	展開：バービー人形の製造工場の立地変化を調べる。 b-1．これまでのバービー人形はどの国の工場で作られていたか？ b-2．なぜマテル社の海外工場は変わっているか？ c．これから工場はどこの国に建てられるか？
	まとめ：多国籍企業の海外工場の労働問題を考えよう。 d．新たな工場において，誰の利益が重要であるか？企業？労働者？

て考える。ここで教員は，正解を求めることではなく，生物学的性差（セックス）と社会・文化的性差（ジェンダー）の概念を理解させることに重点を置く必要がある。

　展開では，「c．おもちゃ売り場の女の子用と男の子用の区分はあり？なし？」と「d．おもちゃ売り場で男の子がリカちゃん人形，女の子はロボットを欲しがっている。どうする？」という2つの問いを通して，学習者は本人のジェンダー認識を確認する。教員は，まず日本のおもちゃ屋のサイト（https://

18　第1部　女性と男性

www.toysrus.co.jp/）における「男の子」と「女の子」のおもちゃのページ画像を
見せ，学習者に感想を聞く。そして，同じおもちゃ会社のイギリスのサイト
（http://www.toysrus.co.uk/toys/）を見せ，異なるものを探すように指示する。自由
な発想で話を始めるが，最終的にはイギリスのサイトでは男女別ではなく，年
齢別になっていることに気づいてもらう。そして，以下の「Let Toys Be
Toys」の性役割の固定化調査の結果を示し，性別にかかわらず子どもに幅広
い遊びの経験を与える働きを紹介する。

　　対象：大手おもちゃ会社6社の2016年クリスマスカタログ。
　　結果：乗り物のおもちゃに対しては全体の11％だけ女の子が登場，介護活動を示
　　　　す写真では3％だけが男の子。家事用おもちゃでは女の子2人で男の子1
　　　　人の割合，反対に工事用おもちゃでは男の子が2倍。

　性別を超えた子どもの遊びを考えるために，最後は男の子がバービー人形で
遊んでいるCMを見せ，それについて話し合うことで，授業をまとめる。

②**女性の社会進出：私たち，女の子はなんでもできる**

　バービー人形を通して女性の社会進出について考えることをねらいとする2
時間目では，まず父親と娘がバービー人形で遊んでいるCMを見て，学習者
が，バービー人形と日本のリカちゃん人形との違いに気づく。さらに，両方の
プロフィールを用意し，どのような遊びができるかについても考えるようにす
る。このようにリカちゃん人形との比較を通して，学習者に「a-2．なぜバ
ービー人形は世界的な人気を得ているか？」と疑問を持たせる。

　展開では，まず1959年に誕生したバービー人形の制作意図，つまり女の子
が，自分が大人になったときの姿を想像しながら遊べる人形であることを確認
する。それを踏まえ，「b-1．これまでのバービー人形はどのような職業を持
っていたか？」に答えるため，バービー人形のホームページに掲載されている
職業リストを調べる。職業リストは60年代，70年代，80年代，90年代，
2000年代，2010年以降に分かれており，各職業はその時代を反映したもので

第2章　女の子のおもちゃ？　男の子のおもちゃ？　19

ある。たとえば，60年代ではファッションモデル，ファッション雑誌編集長，歌手などの仕事が主流であるが，ひとつ目を引くのは1965年に販売されたバービー人形の職業である。そこで，学習者に当時の時代を強く反映したこの職業は何であるか予想させる。正解は宇宙飛行士であり，次のような冷戦時代のソ連とアメリカはどちらが先に宇宙に行くかを競争していた流れを提示する。

表2-2　両国の宇宙開発の流れ

ソ　連	アメリカ
• 1961年　ユーリ・ガガーリン 　人類で初めて有人宇宙飛行 • 1963年　ワレンチナ・テレシコワ 　女性初の有人宇宙飛行 • 1984年　スベトラーナ・サビツカヤ 　女性として初の宇宙遊泳	• 1961年　アラン・シェパード 　アメリカ人で初めて有人宇宙飛行 • 1969年　ニール・アームストロング 　人類で初めて月面に上陸 • 1983年　サリー・ライド 　アメリカ人女性として初の有人宇宙飛行

　また，1990年代には増えている軍事・治安関係の仕事から，1991年におきた湾岸戦争の影響を推測させる。もうひとつ注目したいのが，大統領（候補）のバービー人形である。アメリカ合衆国大統領選挙は4年ごとに行われ，ヒラリーが2016年の大統領選挙で民主党候補として選出されたが，共和党候補のトランプに破れた。そこで，学習者にバービー人形はいつ大統領候補になったかを予想させる。そして，バービー人形は現実よりもっと前である1992年に大統領候補になり，さらに2012年に大統領に当選し，2016年には大統領と副大統領，両方の候補になっていることを確認する。まとめでは，なんでもなれるバービー人形は女の子に夢を与えていることに気づき，「c．これからのバービー人形はどのような職業を持つか？」について考える。

③ 世界的な労働問題：マテル社の海外工場の立地変化

　3時間目はバービー人形の製造工場の立地がどのように変化してきたかを確認することで，開発途上国における多国籍企業の問題について考えることをねらいとする。導入では，「a．バービー人形はどこで誰が作っているか？」の問

20　第1部　女性と男性

いについて，学習者に予想させ，アメリカの会社が投資した開発途上国の工場で作られていること，そこで働いている人は主に若い女性労働者であることに気づくことができるようにする。

　展開は，「b−1．これまでのバービー人形はどの国の工場で作られていたか？」という問いから始まる。それに答えるために，表2—3のようなマテル社の海外工場の立地変化を示したもの（①〜④，⑥，⑨は空白とする）を配布する。特にバービー人形を製造した初めての海外工場の立地が，①日本であることに注目させる。現在の着せ替え人形製造の中心をになう企業がバービー人形の生産に携わった。一方，日本では1962年に販売され始め，1966年の『ビートルズ旋風』に乗って売れ行きをのばしたが，1967年のリカちゃん人形の発売によって打撃を受け，日本市場から撤退した（小林，2013）。その後，新興工業経済地域（NIEs）である②香港，③台湾，④韓国で続いて製造された後，現在生産の大半を占めているのが⑥中国南部に立地する工場であることを確認する。このような事実を踏まえ，「b−2．なぜマテル社の海外工場は変わっているか？」について考える。マテル社は生産コストを減らすためにより低賃金の国へ工場を移転していることに気づき，近年賃金が高くなっている中国の代わりに「c．これから工場はどこの国に建てられるか？」を聞き，次は⑨インド，⑩ブラジルであることを確認する。最後は，以下の内容のようにバービー人形は，それを買うことができる先進国の女の子に夢を与えているが，それを作っている開発途上国の女性労働者の夢からははるかに遠いものであることに触れ，多国籍企業の海外工場の労働問題を考えることで，授業をまとめる。

　バービー人形，ポケモン，モデルカー，テレタビーズ，ミッキーマウス。朝から晩まで，われわれの子どもは玩具に囲まれている。これらの玩具の何％かは，自らまだ子どもの域を出ない者たちによって作られている（ベルナー・バイス，2005）。

第2章　女の子のおもちゃ？　男の子のおもちゃ？　21

表2-3　マテル社の海外工場の立地変化

1958年	① 日本の下請け工場での生産開始，初めての海外生産
1965年	② 香港工場の新設
1966年	③ 台湾工場の新設
1970年	④ 韓国の下請け工場での生産開始
1974年	② 香港工場，労働者の60%解雇
1977年	④ 韓国での労働紛争，500人解雇，発注量縮小，⑤ フィリピン工場の新設
1978年	① 日本での生産中断
1986年	⑥ 中国工場の新設
1987年	③ 台湾工場の閉鎖
1988年	⑤ フィリピンでの労働紛争，工場閉鎖（労働者4,000人）
1992年	⑦ インドネシア，⑧ マレーシアの工場新設
2013年	⑥ 中国工場の生産量縮小，⑨ インド，⑩ ブラジルへの移転案発表

3．バービー人形で気づく学生のジェンダー認識

　本実践は，中学校社会科教員を目指す大学生が授業づくりなどを学ぶために
うける教科教育論である「中学校社会科教育法」という講義で，異なる受講者
（当時3年生）を対象として2回行った。1回目は2016年12月に39人（女6，
男33），2回目は2017年6月に37人（女9，男28）を対象とした。1回目の授
業はバービー人形だけを用いて説明したが，バービー人形の職業に関する問い
に対してはこちらの予想した反応があまりなかった。それを踏まえ，2回目で
は日本のリカちゃん人形との比較を入れた。ここでは ① 子どものジェンダー
化における学生の感想を分析する。

　子どもの頃のおもちゃに関する問い（a：複数回答）に対して，女子学生（15）
の答えではシルバニアファミリー（7）が一番多く，ぬいぐるみ（5），おママ
ごと（5），リカちゃん（4）が続いた。シルバニアファミリーとぬいぐるみに
対しては，各々2人の男子学生もあげているが，おママごととリカちゃんをあ
げた男子学生はいなかった。「自分の家は女の子っぽいもので遊ぶのが禁止」

22 第1部 女性と男性

と書いた男子学生もいた。一方，男子学生（61）の答えは，カードゲーム（22），ベイブレード（19），トミカ（16），プラレール（16），レゴブロック（13），テレビゲーム（13）の順である。女子学生のなかでも，3人がカードゲームをあげて，ベイブレードとトミカと同時に書いたひとりもいた。「私も小さい頃，いとこや友達のロボットで遊んで楽しかった」という女子学生の経験のように，家族関係（兄弟や姉妹の有無など）も大きく影響している。しかし，「男女でおもちゃが全く違うことがわかった。このおもちゃは親や周りの人の影響が大きいと思う。子どもがおもちゃを選ぶようになる前に，男の子には男の子っぽいもの，女の子には女の子っぽいものを親が与えていることによって，いつの間にかおもちゃの趣味に性別差ができるんだと思う」と述べたある男子学生の感想のように，おもちゃによる子どものジェンダー化がある程度確認できた。

　関連する「b．男の子は乗り物，女の子はぬいぐるみを好むのは本当？」に答えた71人のなかで，4人（男）が「分からない」，3人（男）が「自分にはあてはまらない」，11人（女3，男8）が「好みはそれぞれ」という答えがあった。残りの53人は「（ある程度）そうである」という答えで，そのなかで，9人（女1，男8）が生物学的性差（セックス）を，26人（女4，男22）が社会・文化的性差（ジェンダー）を理由としてあげている。

　そして，おもちゃ売り場の性別区分についての問い（c）では，「男女差別」より「男女区別」であると思う学生が多かった。つまり，多くが昔から青や水色は男，赤やピンクは女という区別を見てきたので，それに慣れてきて探しやすく合理的だと思っている。しかしある女子学生は，「自分は青が一番好きな色なので，小さい頃から何で女の子は赤やピンクばかりなんだろうと疑問だったし，男の子がうらやましいと思っていた。男の子は Blue，女の子は Pink，Red と言った固定観念は本当に嫌です。日本もイギリスみたいに，ジェンダー差をなくすように，例えば子どもの売り場をカラフルにしたりすることで，男の子・女の子専用と言った現象は減ると思います」と自身の経験を踏まえ，問題点と改善策を提示している。また，ある男子学生は「おもちゃについては男

第 2 章 女の子のおもちゃ？ 男の子のおもちゃ？ 23

女の区別をなくして，どちらでも使えるようなデザインやパッケージのものが増えていった方が良いと思う。今では男女平等という考え方が一般的になってきているし，子どもの個性を大事にするようになってきていると思う」と述べている。

「ｄ．おもちゃ売り場で男の子がリカちゃん人形，女の子はロボットを欲しがっている。どうする？」という問いに対しては，男女ともに「子どもがほしいものなら買ってあげる」という答えが多かった。しかし，「いろんなおもちゃを見せて」，「もう一度よく考えてみようと言い」，「普通は違うことを説明した上で」，「世間一般では逆のものであることを伝える」，「先入観から男の子がリカちゃん人形を欲しがるのに違和感を覚えるが」など，条件付きでの購入や違和感あるとの答えも少なくもなかった。一方，ある女子学生は「『え〜こっちのほうがたのしいよ』等々。異なるものを提案してみる」，ある男子学生は「自分が親だったら，変えてもらうかもしれない。子ども同士で遊ぶ時に浮いてしまう可能性があるから」と答えている。

男の子が女の子と一緒にバービー人形で遊んでいる CM を見て感じたことについては，2 回目の講義において女子学生は全員（9 人），男子学生は約半分（13 人）がその内容に触れていたが，女子学生の方がより詳しく述べている。たとえば，男子学生の場合，「CM に男の子が出てきて，女の子と一緒に楽しそうに遊んでいて驚いた」という，内容のそのものについて書いた場合が多い。それに対して，女子学生は，「男の子がバービー人形で遊んでいるのがめずらしい！ 男の子ももっとお人形あそびしてもいいのでは？と思った」，「男の子がバービー人形で新鮮だった。かっこよく感じた」，「人形遊びは女の子だけではなく男の子でもできる！ということを表現していた。観念がなくなりとっても良い CM であると思う」のように，自分の意見を述べていたのが半数以上である。

4. これからの社会科のために

2回目の授業全体に対するある男子学生の感想に,「人形は男からすると考えづらかったです。男女共にとっつきやすいネタが良いと思います」という文章があった。それを読んで,私はふっと思った。「そうだね。男女共にとっつきやすいネタが良いのだよね。でも今の社会科の内容には女からすると考えづらいことが多いよ。この授業を受けてそれに気づいてほしいな」。

この私のつぶやきこそが,本授業実践の成果と課題である。

参考文献

青野篤子「子どものジェンダー化—おもちゃ屋の広告調べから—」青野篤子編『アクティブラーニングで学ぶジェンダー—現代を生きるための12の実践—』ミネルヴァ書房,2016年,pp. 27-39。

クラウス・ベルナー,ハンス・バイス著,下川真一訳,パンと遊び,玩具『世界ブランド企業黒書:人と地球を食い物にする多国籍企業』明石書店,2005年,pp. 187-202。

Stowell, R. and Bentley, L. (ed.) (1988), Barbie goes abroad, *New Wave Geography 2*, Milton, Qld: Jacaranda press, pp. 75-92.

参考サイト（2017年9月10日アクセス）

小林明『バービー人形,変遷で世相がわかる』日本経済新聞電子版,2013年9月27日付

http://www.nikkei.com/article/DGXNASFE24043_U3A920C1000000/

タカラトミー『リカちゃんプロフィール』

http://licca.takaratomy.co.jp/profile/index.html

Let toys be toys, Stereotypes rule in toy catalogues, 2016.

http://lettoysbetoys.org.uk/stereotypes-rule-in-toy-catalogues-research-findings/

Mattel, Barbiemedia: Careers

http://www.barbiemedia.com/about-barbie/careers.html

第3章

男女の賃金格差はなぜ生じるか

升野　伸子

1．見えない差別に気づくには

　中学生にアンケートをすると，「差別されたことはない」という答えが多くなってきた。これは，学校をジェンダーセンシティブな場にする取り組みが多くの努力により実現されつつある証で，喜ばしいことでもある。

　かつてはさまざまな「形の上での」「見える」差別があったが，現在では，性別を理由として「機会」が奪われる事例は，あまり見かけない。社会全体でも男女平等に向けて，スローガンだけでなく具体策が取られるようになった。

　アファーマティブアクション，ダイバーシティ，女性管理職の目標数値，ワークライフバランスなど，ここ数年で耳にするようになった言葉も多い。国会や地方議会の選挙で，男女の候補者数をできるだけ「均等」とするよう政党に努力を求める「政治分野における男女共同参画の推進に関する法律案」も国会に提出された（2017年9月の衆議院解散のため廃案）。

　これらのことから，かえって，敢えて（意図的に），「差別はない」「解消された」「本人の責任」と言われることもある。逆に目立つのは，女性が優遇されるしくみなのである。「女子学生向けの住まい支援」として，東京大学が女子学生にのみ月額3万円の家賃補助を行うことが報道され，逆差別ではないかと話題を呼んだのがその一例である。東京大学には女子寮がない。男子寮があって女子寮がないことに着目せずに女子学生への家賃補助を議論させることは，

26 第1部 女性と男性

男女平等を考える上では意味がない。関心を持ってもらおうと今話題性のある
ものを表面のみとらえて教材化してしまうと，議論は起こっても深まらず，本
質を読み誤る可能性がある。女性専用車両も同じで，これは痴漢という犯罪防
止に低コストで有効だからであって女性優遇ではない。

　そんななかにいる生徒に，男女平等への視点を育てることは，意外と難しい。
そこで中学生に，賃金分布データから男女の賃金格差を認識させ，何がその原
因となっているか，またそれを改善するにはどのようにすればいいかを考えさ
せる取り組みを行ってみた。その授業の様子と，中学生が認識できる限界，ま
た教科書や資料集が送るメッセージについて報告したい。

2．授業の概要とねらい

　世界各国の男女平等の度合いを指数化した世界経済フォーラム（WEF）の
2016年版「ジェンダー・ギャップ指数」によると，日本の順位は調査対象144
カ国のうち111位であった。同指数は女性の地位を経済，教育，政治，健康の
4分野で分析したもので，日本は「経済」が118位，政治は103位であった。
項目別では「所得格差」が75位から100位に急落したが，これはWEFが収
入の比較方法を改め，主に先進国で過小評価していた所得の差を実態に近づく
ように修正し，順位に反映したためだという（日本経済新聞電子版2016年10月26
日配信より引用）。なお，2017年には114位となり過去最低を更新した。

　このような所得の男女差はしかし，社会全体として喫緊の問題としてとらえ
られることはあまりない。まして中学生が自分ごととして向き合うことはない。
そこでまず，男女の賃金格差の実態を認識し，それを起点に「なぜ女性の賃金
は低いのか」という追究課題を設定し，その要因を考える活動を行った。具体
的には，資料集や教科書のなかから根拠となる資料を探し，そこから読み取れ
る内容を，班ごとに図にあらわしながら相互の関係をとらえさせていくもので
ある。そして作成した図をもとに，どのような取り組みが，女性の低賃金の改
善につながるかを提案させた。その後，第1時に出された疑問点などについて，

第3章　男女の賃金格差はなぜ生じるか　27

学んだことをもとに別の解釈ができないか，考えてみた。

3．指導案

- 単元名　雇用問題と労働条件の向上（第1～3時が本報告での主題）
- 単元構成　第1時　導入と男女の賃金分布の特徴の理解
  第2時　賃金格差の原因と改善策について資料を用いて考察
  第3時　回遊方式での説明
  第4時　労働者の権利と労働組合（指導案省略）
  第5時　雇用問題と労働条件の向上（指導案省略）
- 単元の目標　男女の賃金格差の実態を知り，そこから男女の平等や女性の低
  賃金についての認識を深める。この裏側として，現在の日本の
  労働問題があることにも気づかせる。
- 使用教材　教科書（『中学公民　日本の社会と世界』清水書院）
  資料集（『新しい公民（東京都版）』浜島書店）
  教師作成プリント（「賃金階級，性，年齢階級別労働者割合」）
  厚生労働（「平成27年賃金構造基本統計調査の概況」より）

表3-1　指導案

	時間	具体的な学習活動	指導上の留意点
第1時	導入15分	・今後5時間の授業見通しを伝える。 ・新聞記事を読み，感想や意見を書かせ，発表させる。	・なぜそう思うのか，根拠を言葉にするように促す。 ・関連する事項なども発言させる。 ・予想される発言（女性専用車両，東大の家賃補助，各家庭での兄弟姉妹間での待遇の差など）についての適切なコメントを加える。
	展開30分	・「ジェンダー・ギャップ指数」では，日本の順位は調査対象144カ国のうち111位であり，特に所得格差が大きいことを伝える。 ・その実態について，プリント上での	・作業内容を的確に指示する。 ・賃金統計の読み方の留意点を丁寧に確認する。 ・時間が余った生徒には，学歴別賃金分布についても考察させる。

時	段階	内容	指導上の留意点
		作業（各年齢階級の数値の大きいもの３つにマーカーを入れる）によって確認する。	• 統計上，理解が進む数値（ここでは，各年齢層の労働者の総数など）がないか，確認する。
	まとめ	• 作業の結果，読みとれる内容を図示し，言葉で示す。	
第2時	導入 3分	• 本時の課題を伝える。	• 作業内容を的確に指示する。
	展開 10分	• まず，各自が資料集や教科書より，男女の賃金格差の原因を示している資料をさがし，その資料から読み取れる内容を示す。	• 作業がすすんでいない班には，参考にする箇所を示唆する。
		• 読み取った内容が「女性の賃金が低い」ということと，どのような関連があるのか，図示する。	• 自分の印象ではなく，データを伴うものを根拠とするように指摘する。
	20分	• 班で集約し，それぞれの書いたものをまとめた図を作る。	
	10分	• 図の中に，「女性の賃金が低い」状況を改善するための方法を赤で書き加える。	
	まとめ	• 次の時間に発表することを予告。	
第3時	導入 3分	• 本時の課題を伝える。	
	展開 12分	• まず，偶数班は着席し，回って来た奇数班の人に，自班の図の説明を行う。	• 1つの班は2分の説明を4回行う。
	12分	• 奇数班と偶数班で，交代する。	
	10分	• 前半・後半それぞれから1つ，良かった班を選び，全体で発表する。	• 第1時に比して異なる視点や考え方が獲得されていることに気づかせる。
	まとめ	• 第1時に扱った新聞記事に関連する内容について考える。	

4．授業の詳細と分析

(1) 第1時

　まず，新聞記事を読んでもらい，感想を聞くとともに，意見を書いてもらった。記事の趣旨は次の通りである。

第3章　男女の賃金格差はなぜ生じるか　29

■女性を優遇しすぎじゃないの？（大学生男性）

　飲食店の女子会割引や映画館のレディース・デーから「女尊男卑」を感じる。
東大の女子学生向け家賃補助も，女子寮がないとは言え女子だけ優遇される制
度は問題である。社会が女尊男卑を是認しているようだ。
　推薦入試で女子に一定の点数を加算するのも逆差別である。女子の力を過小評
価している。
　こうした女尊男卑は，女性が男性より弱いという固定観念によるものだ。この
固定観念がある限り，女尊男卑の風潮は止められない。これで男女平等社会と
言えるのか。
　（『朝日新聞』2017 年 2 月 11 日付日刊掲載の投稿の要旨）

　生徒の反応は概して，書き手に対して肯定的な意見が多かった。関連する内
容をあげさせると，女性専用車両への不満，カラオケの女性割引などが出た。
全体的に，すでに男女は平等であるという印象をもつ生徒が多い。

　それを確認した上で，男女の賃金の格差はどうなっているのか，その実態を
知る活動を行った。「平成 27 年賃金構造基本統計調査の概況」より引用した資
料のうち，数字の大きいもの上位 3 つにマーカーを入れるものである。

　この資料は，縦軸は下にいくほど賃金が高い階級を示し，横軸は右にいくほ
ど年齢が高く，それぞれの年齢階級（5 歳刻み）のなかで，どのくらいの賃金
の人が何パーセントであるかが示されている。年功型賃金の場合は，年齢が上
がると賃金の高い人の割合が増えることとなる。男性は確かにそうであるが，
女性は 35 歳まで若干賃金は上昇してゆくが，その後は年齢が上がると賃金が
下がっている。統計にはいわゆる非正規社員も含まれるが，季節採用の臨時的
な社員（短期や単発のアルバイトなど）は含まれていない。

　この作業を行うと，教室には重苦しい雰囲気が漂う。現実がどのようなもの
か，見えていないことに対する驚きである。あえて差別という言葉は使わず，
「男女の賃金格差」としているが，とてもインパクトのある資料である。ただ
数字が並ぶだけの（一見堅苦しい）資料が，マーカーを入れる作業のみで実態を
示すものに生まれ変わる過程が劇的である。

30 第1部 女性と男性

表3-2 「賃金階級，性，年齢階級別労働者数割合」にマーカーを入れる

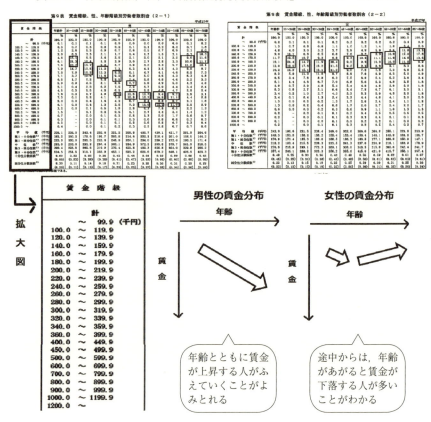

(2) 第2・3時

次の課題として，「女性の賃金が（男性より）低い」理由を，資料から読み取り，まとめる活動を行った。まず個人で資料を探し，図にあらわす。これを4人班でもちより，ひとつの図に記入するものである。作業の過程で，資料の読み取り方法に対して意見が出たり，この事象は原因なのか結果なのかの話し合いが行われたりと，活発な時間となった。このような活動は，平成29年6月に公示された「中学校学習指導要領解説　社会編」の公民的分野の「内容の取扱い」(1)ウの「解決すべき課題を多面的・多角的に考察，構想し，自分の考え

第3章　男女の賃金格差はなぜ生じるか　31

を説明，論述する」「考察，構想させる場合には，資料を読み取らせて解釈させたり，議論などを行って考えを深めさせたりする」にかなうものでもある。活用する資料は，教科書や資料集より各自が探す形式とした。生徒は主として，平等権に関連した部分と労働・雇用の部分の資料を，根拠としていった。

　生徒は女性の賃金の低さの直接の要因を，「すぐにやめる（勤続年数が短い）から」とみなしており，多くが双方向の関係を指摘する。またやめる理由は「出産・育児・家事」でないかと分析する。まず，ケア負担の偏りに気づくのである。また，女性が非正規社員を希望する理由として，勤務時間の短さや残業ができないことを指摘する。言い換えれば，正社員であれば残業や長時間労働が自明である現状を認識している。だから女性は自身が非正規を選択している面もあることを指摘する。またいくつかの班は，女性が非正規を希望することが，会社にとっても都合がいいと述べる。

　特に，図3-1の3組1班のものは秀逸であった。

　この班は，以上のような論理を指摘した上で，配偶者控除が女性の非正規雇用を後押ししていること，また非正規雇用を希望する人が多いことが企業にとって「需要が多い」と表現し，企業側のメリットにも気づいている。また左下の女性の学歴の部分はデータによる分析はなされていないが，女性の方に教育資源の配分が少ないジェンダー格差の実態を表している。

　対策については，多くの班があげるものは次の内容である。

- 保育所を増やす
- 育児や介護は女性の仕事という認識を変える
- 男性の家事・育児参加時間を増やす
- 男性がすぐ家に帰れる会社にする（類：残業を制限する）
- 正規労働者の勤務時間を弾力化する
- 女性に対するポジティブ・アクション
- 年齢に関係ない給与体系

32 第1部 女性と男性

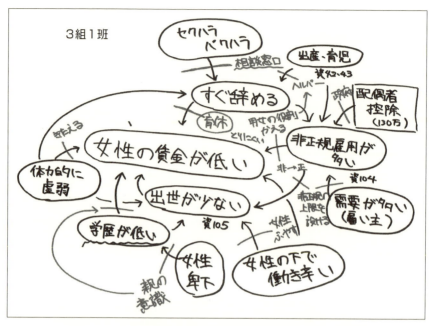

図3-1 「女性の賃金が低い」のはなぜ？（4人班で作成）

なお，いくつかの班の指摘は，面白かった。（番号は筆者）
① 女性は家庭が第一だから仕事に対する姿勢が伴わない。
② 働きたい理由がしょうもない。
　　（女性が働く理由が「家計補助」である指摘。表現が稚拙なのはご愛敬）
③ 賃金が低いから労働意欲がなくなる。
④ 企業内での男女の偏り→女性の意見減少→アイデアの一遍化
⑤ 少し前まで（職場内が―筆者加筆）ほとんどが男性だったため，女性が来るという環境が整っていない会社が多い。
⑥ 女性の賃金が低い→シングルマザーだと大変→再婚しよう
⑦　　　　結婚――妊娠――出産――育児
　　（対策）独身　　避妊　　　　　イクメンゲット

第3章　男女の賃金格差はなぜ生じるか　33

⑧（企業は）男を雇う方がいい。

⑨ 女性の経済的自立ができなくなる。

⑩ 女性の社会への出費が減る（女性がお金を持っていないこと―筆者加筆）

③ は，女性の賃金が低い理由としてよく言われる「女性はすぐやめるから賃金が低い」の逆であるが，現在の保育士や介護の人材不足を言い表している側面もある。また ⑤ などは，今まで男性のポジションだったところには女性が入りにくい状況を示している。⑥ は「家計補助者としての女性」が「主たる稼ぎ手」となる大変さを示している。⑦ は少子化の原因のひとつを表現している。⑧ は本音に近い所であろう。

5．新たな気づき

　平等とは単に機会があれば十分なのではなく，機会に対して対等にアプローチできる環境が整っていることである。中学校の勉強をしている時分には見過ごされやすい内容であるが，男女でケア負担が偏在している実態に気づくことは，生徒が将来の進路を考える際に有効である。自身の生き方を決める場面で，ケアをどう分担していくかも考慮する必要があることを知れば，それを乗りこえる策も考えることができる。それに加えて，男女共同参画社会基本法第2条にある「社会の対等な構成員」「自らの意思」「男女が均等に政治的，経済的，社会的及び文化的利益を享受」「共に責任を担う」という語句の，具体的な意味がうかびあがる。生徒の言葉は稚拙で，それぞれのつながりに欠けたり，教師側が補足しないと意味がよみとれないものもあるが，平等とはどういう状態であるかを考える材料となる時間であった。

　このようにまとめながら，生徒の分析にはある枠組みがあることに気づいた。それは，男女の賃金格差の原因を，「既婚女性」の問題としてとらえている点である。男女の違いを示す要因を，女性が母や妻であるからと考え，それゆえの制約があるから賃金が低いのではないかと分析するのである。これは，中学

34　第1部　女性と男性

生が想像できる中高年女性像が既婚者だからであろう。だが，用いた資料に偏りがあるからかもしれない。資料集に載せられていたものは，以下の通りであった。

- 「夫は仕事，妻は家庭」の考え方についての世論調査
- 6歳未満児がいる家庭の夫の家事時間の国際比較
- 年齢別労働力率
- 企業規模別男女別育児休業取得率
- 待機児童をゼロに！　横浜市の取り組み
- フランスでの子育て支援制度
- ワークシェアリング
- 短時間正社員制度
- 在宅勤務制度
- 男女別非正規雇用を選んだ理由
- 国会議員・管理職に占める女性の割合の国際比較
- ポジティブ・アクション
- 男女の賃金格差

確かに，資料を分類すると，長時間労働，家事・育児負担の偏り，家計補助としての女性労働，という「男は仕事」型モデルが中心であり，ケアを担う女性が正社員として働くことが困難な状況がうかびあがる。しかしこの考え方では，独身や子どものいない女性，すなわち妻でも母でもない女性に対する賃金格差を説明することはできない。そしてそのような女性の数は，確実に増えている。

厚生労働省「平成28（2016）年人口動態統計の年間推計」によると，日本社会は急激な晩婚化・非婚化を迎えている。離婚率は平成28年の推計値で約35％となっている。2015年の女性の未婚率は，25〜29歳で61.3％，30〜34歳で34.6％（3人に1人）となっており，生涯未婚率も14.1％である。2015年の

男性未婚率は 23.4％であることから，女性の未婚率は今後もどんどん上昇していくことが予測できる。資料を根拠とした「理由づけ」をしようとするあまり，資料で説明される要因を持たない（妻でも母でもない）女性も低賃金に甘んじているのではないか，という視点が抜け落ちていた。これについては，自身の次の課題としたい。

参考文献

「男女平等ランキング，日本は過去最低 111 位」日本経済新聞電子版 2016 年 10 月 26 日より要約。
　http://www.nikkei.com/article/DGXLASDF25H07_V21C16A0EE8000/（2018 年 2 月 5 日アクセス）
「女性を優遇しすぎじゃないの？」『朝日新聞』2017 年 2 月 11 日付日刊。
厚生労働省「平成 27 年賃金構造基本統計調査の概況」第 9 表賃金階級，性，年齢階級別労働者数割合（2-1・2-2）より。
厚生労働省「平成 28（2016）年人口動態統計の年間推計」2017 年。
升野伸子「男女差別が見えにくい現代社会で，ジェンダー教育をどう進めるか」日本社会科教育学会編『社会科教育の今を問い，未来を拓く』東洋館出版社，2016 年，pp. 201-216。

第4章

「平等」から性差別を考えると？

塙　枝里子

1. 性差別を本質的な理解へ

　1985年に男女雇用機会均等法が成立し，その後，改正が重ねられていくなかで日本を取り巻く雇用環境は大きく変化した。2017年現在では男女双方の「働き方改革」が推進されており，性差別が禁止されていることは生徒も概ね理解している。このようななか，生徒に「現在，性差別はあると思いますか？」と問うと，「ない」と答えることが多い。また，「ある」と答えた生徒も男女を問わず，レディース・デーやレディース・プラン，女性専用車両の設置，女性管理職の積極登用など女性が目立つ施策をあげ，男子生徒のなかには「むしろ女尊男卑だ！　女はずるい！」と不満を漏らす場合もある。生徒は性差別の問題に鈍感で，さらに認識していたとしてもそれらを感覚や感情でとらえており，ここには女性が差別されてきたという歴史や，男女共同参画社会までの経緯，男女の賃金格差や進学率，家事・育児の負担割合などの男女差を始め，現状をとらえる視点は抜け落ちている。

　そこで，性差別の問題を表面的な理解から本質的な理解へ一歩前進させる授業を提案する。授業は第1段階として，性差別を否定する概念である「平等」について考察する。「平等」は生徒にとっては身近な言葉であり，敏感に反応するが，それがどのようなものかという理解は浅い。そのため，形式的平等と実質的平等，機会の平等と結果の平等など「平等」のもつ多義的な意味を理解

し，性差別のない真の平等な社会実現へ向けた視点を養う。次に，第2段階として，日本での男女格差を示し，「働き方」に着目し，女性差別撤廃に向けた法制度がどのように変化してきたのか，また男女双方に対してどのような取り組みがなされてきたのか現在までの流れを追って理解を深めていく。段階的に学習することで，生徒がもつ性差別や「平等」に対する認識を揺さぶり，社会を構成する一員として当事者意識を持たせることが可能になると考える。

2．背景及び先行研究

近年，「平等」を扱う教育研究や授業実践は法教育で多くある。たとえば，日本弁護士連合会による出張授業の小学校の教材例では，かけっこの50m走を題材に，条件を同じにすることを「スタートの平等」，結果を同じにすることを「ゴールの平等」，足の速さによって組分けを変えてゴールを同じにすることを「ハンデ（調整）の平等」として，さまざまなケース・スタディをしてから，最終的に組替えやリレーの選手決めをどのような方法ですればいいのかを考えさせている。また，2008年版学習指導要領では中学校社会（公民的分野）で「対立と合意，効率と公正」，高等学校公民科の現代社会で「幸福，正義，公正」をそれぞれ冒頭で学習し，それぞれの内容を理解させた上で，社会における諸課題を考察することが求められている。そのため，多くの教育研究・授業実践がされており，高等学校現代社会では「公正」をとらえる教材例として，形式的平等，実質的平等を取り扱い，部活の選手決めの際にどのように決めるのが良いかを話し合わせている。しかし，そのなかに「平等」の概念を取り扱い，性差別を題材とした実践は少なく，本教材をそのひとつに位置付けたい。

3．教材の工夫

(1)「平等」の意味を視覚的にとらえる

授業のポイントとなるのは，授業冒頭と最後に提示する1枚の絵である。この絵は，塀越しに野球を観戦している身長の高いA，身長が中位のB，身長の

38 第1部 女性と男性

低いCの3人に対し，3つの箱をどのように分けるかについて，2つの絵を比較したもので，2014年ごろにインターネット上で話題になったものである。Equalityと書かれた絵は3人に1箱ずつを与え，A，Bは野球を観戦できるが，Cは観戦できない。一方，Equityと書かれた絵ではBに1箱，Cに2箱を与えA，B，Cすべてが同じ高さで野球を観戦できる。現在ではEquality=Sameness，Equity=Fairness，となっていたり，CapitalismやRealityが加えられたり，EquityがJusticeとなっていたりするものなど多くのパターンがある。インターネットやSNSを使用している生徒であれば「見たことがある！」と反応するだろう。これはジェンダーの問題だけでなく，資源配分問題，所得再分配を始め，幸福，正義，公正への理解など公民科のさまざまな授業に使用できる。

(2)「平等」の違いを体感させる

　ホールケーキを分けるケース・スタディは，小・中学校の社会科教科書に掲載があり，法教育や経済教育，高等学校では倫理の学習で広く活用されており，真新しいものではない。しかし，筆者は問い方や発問によって授業のねらいと結びつけることが出来るため，よく用いている。今回はシンプルに「平等になるように分け合おう」と問いかけ，隣の人と意見をまとめる際に個々の事象を考慮するヒントを示すことで，形式的平等，実質的平等の違いを理解させることを目指した。なお，ケーキを3等分（お母さんを含めると4等分）に分けることは形式的平等，お客様であるか否か，ケーキの好みなど個々の事情を考慮することは実質的平等となる。また，3人のうち1人はお腹が空いて今にも倒れそうなどと，設定を変えることで機会の平等と結果の平等も説明することが出来る。この際，女性を管理職へ積極的に登用するのはどの平等を目指したものなのかなどと問うと広がりが出る。

(3) 働き方の違いに着目する

　男女格差を示すにあたっては，男性の所得に対する女性の所得の割合，男性

第4章 「平等」から性差別を考えると？　39

と女性の大学進学率の違いなどジェンダー・ギャップ指数を構成する数値を用いる。また，昨今ジェンダーは生物学的性差（セックス）と区別される社会的・文化的に形成された性差という意味だけでなく，身体的性別，性自認，セクシャリティ，性的役割など幅広く使われる。しかし，ここではそれらを捨象し，男女の違いをセックス，ジェンダー2つの概念に分けて整理している。

4．指導案

　授業は，筆者の勤務する東京都立高校普通科第3学年における「政治・経済」（3クラス計114名）に行った。本校は，卒業後に約半数が大学・短大，約3割が専門学校へ進学し，その他は民間や公務員として就業するという進路先が多様な学校である。教室における学習意欲や態度の差は大きく，年度当初に実施する4段階評価によるアンケートでは約6割が社会系教科への嫌悪感を示し（2017年度）ており，その理由として「興味がないから」，「好きではないから」，「自分とは関係がないから」，「歴史は好きだが，公民は嫌い」などをあげている。そのため，筆者はすべての授業において社会の問題を自分の問題としてとらえる授業デザインを心掛けており，本授業もそのような問題意識のもとに設計した。

　以下に，「政治・経済」の「基本的な人権の保障」で扱うことを想定した指導案を示す。

① ねらい

- 「平等」の意味について，ホールケーキのケース・スタディから多面的・多角的に考察する。
- 男女の違いをセックス，ジェンダーの観点からとらえた上で，働き方に着目し，現在の日本における男女格差や女性差別撤廃の背景及び経緯を理解する。

40　第1部　女性と男性

② 展　開

時間	具体的な学習活動	指導上の留意点・配慮事項など
導　入 5分	• 本時は「平等」の意味から性差別を考えることを知る • 黒板に提示された野球観戦の絵(p.37)の意味を考える	• あいさつ，出席確認 • プリントを配布 • 発問 「この絵は何を表しているでしょうか？」 • まとめで使用する絵を提示し，生徒の興味・関心を引く
展開① 20分	• 日常の不平等を考察する 【ワーク1】「あなたはどのようなときに人間が不平等であると思いますか？」に回答し，クラス内で共有する • 日本国憲法第14条に「平等権」が規定されていることを理解する 【ワーク2】憲法第14条を書く • ホールケーキを分ける方法とその理由を考え，隣の人と意見をまとめる 【ワーク3】「ケーキを分け合おう」に回答する • 指名された数名が黒板に分け方を書く • ひと言で平等と言っても，形式的平等と実質的平等，結果の平等と機会の平等など，意味が多義的であることを理解する	• 学校生活の話（たとえば，部活動で先輩はOKだが後輩はNGとされることなど）をすると性別や家族構成を問わずクラスで共有できる • 覚えていない場合は，教科書，資料集から写す • ここでは，ケーキを単純に3等分することが予想されるため，授業者が「柔軟に頭を使ってみよう」，「A，Bくんはケーキが大好きのようだね」，「Aくんはダイエット中かもしれない」などと投げかけ，多様な意見が出るよう配慮する • 机間巡視し，今後の授業展開を考慮して指名する。黒板には円をいくつか書いておき，実際に生徒に書かせ，理由を説明させる • 【ワーク3】の場合，ケーキを3等分（お母さんを含めると4等分）に分けることは形式的平等，お客様であるか否か，ケーキの好みなど個々の事情を考慮することは実質的平等となる
展開② 20分	• 性差別に着目し，法の下の平等を考察する 【ワーク4】「現在，性差別はあると思いますか？」に回答し，クラス内で共有する • 男女の違いをセックス，ジェンダーの観点から理解する	• 数名を指名する。ここでは，男女それぞれの差別の例がでるようにする • ここでは，セックスを生物学的性差，ジェンダーを社会的・文化的に形成さ

第4章　「平等」から性差別を考えると？　41

	【ワーク5】裏面の漫画にある「男だから一流会社，女だから家事しろ」というのは性差別であることを理解する	れた性差と定義する • 漫画で出て来る母親，兄，妹の3役を生徒に割り振り，ロールプレイをさせる 漫画は，『こんな子いるよね』（神奈川県県民部人権男女共同参画課が作成）のリーフレット「やりたいことっていろいろ」を使用した
	• 日本の男女の働き方に着目して，現在も男女で差があることを理解する • 女性差別撤廃の動きについて，現在までの概要を理解する	• ジェンダー・ギャップ指数，男性の所得に対する女性の割合，男性と女性の大学進学率の違いをスライドに映す • 男子生徒に当事者意識をもたせるため，男女雇用機会均等法改正（2006年）では男女双方への性差別が禁止されたこと，同法改正（2013年）で同性へのセクシャル・ハラスメントが禁止されていることに触れ，「女性の問題」ではないことへの理解を促す
まとめ 5分	• 導入の絵の意味を理解する • 今日の授業の感想をまとめる	• ここでは，Equality を形式的平等，Equity を実質的平等と定義する。また「真の平等を実現させていくのはあなたたちです」というメッセージを示す • プリントを回収する

42　第1部　女性と男性

【ワーク5】男・女ってどう違うの？　漫画を読んでみよう。
　◇　セックス…（　　　　　　　　　　　　　　　）性差

　◇　ジェンダー…（　　　　　　　　　　　　　　　　　　）性差
→○をつける
　　漫画の「男だから，女だから…」は（　セックス　・　ジェンダー　）にあたる
　ようだ。
　◆スライドを見よう◆　働き方に注目して…現在，男女の差はあるのだろうか？

メモ　：　ジェンダー・ギャップ指数，賃金格差，進学率，右の資料

【資料】女性差別撤廃の動き　資料集：272-273
　　　　戦前：「男は仕事，女は家事」→戦後：「両性の本質的平等」（憲法第24条）

1975年	国際婦人年	国連が全世界の男女平等を目指して設定
1979年	女性差別撤廃条約	国連総会で採択。日本は85年に批准
1985年	男女雇用機会均等法	女性差別撤廃条約にともない，国内法を整備するが，「努力義務」にとどまる
1994年		高等学校家庭科　男女共修
1995年	育児・介護休業法	1991年制定の育児休業法が改正 その後，数度の法改正で少しずつ制度が拡充され，雇用保険から一定の所得保障も行われるように
1997年	男女雇用機会均等法改正	募集・採用，配置・昇進などについて従来の「努力義務」が「禁止」へ強化
1999年	男女共同参画社会基本法	男女が対等な立場であらゆる分野の社会活動に参加できることを目的としている
2006年	男女雇用機会均等法改正	男女双方への性差別を禁止 間接差別を禁止 妊娠・出産・産休の規定を理由にした不利益扱いを禁止など
2013年	男女雇用機会均等法改正	間接差別の対象を拡大 同性へのセクシャル・ハラスメントも禁止など

※間接差別…一見，性別とは関係のないように見える基準が，結果的に一方に不利益に
　なること
【最後に】今日の授業の感想を書きましょう。

図4-1　生徒が使用したワークシートの一例

5．授業の様子と生徒の認識

　ワークシートに書かれた意見と感想，生徒の認識変化をとらえた。まず，以下に自由記述である「【ワーク1】あなたはどのようなときに人間が不平等であると思いますか？」，「【ワーク4】現在，性差別はあると思いますか？」についての答えを掲載する。

表4-1　【ワーク1】【ワーク4】における生徒の回答（抜粋）

No.（性別）	【ワーク1】	【ワーク4】
1（男）	えこひいき，年齢による差別，人の価値観	ある／育児や家事を優先する人，仕事の内容
2（女）	顔の可愛さ。妹だからっておさがりを着せられた時	ある／男が化粧するのはおかしいと言われること，女の子だからしっかりしろとか，料理ができないとダメ，みたいなやつ
3（女）	特になし	ある／日本の首相とか
4（男）	見た目によるものとか	ある／女性専用車両があるところ
5（女）	顔がいいと優遇してもらえる	ある／体力的な差
6（女）	兄・姉・妹・弟だからと家族内で差別される	ある／自分は不平等とは必ずしも思わないけど，学校に行くときの制服で女子はスカート，男子はズボンと決まっているのも男女差別かもと思いました
7（男）	年齢の差による態度の違い	ある／女性の待遇が良い。電車とか
8（男）	兄だから，男だからとか	ある／なぜウィメンズのスニーカーの方が安いのか
9（女）	体型，兄弟，所得の格差	ある／日本の歴代の総理大臣に未だ女性がなったことはない，産休・育休が終わってからの仕事の復帰のし辛さ

　冒頭の【ワーク1】では生徒の約半数は何も思い浮かばない状態であったが，生徒の意見を引き出しながら授業を進めていくうちに認識が徐々に変化し，【ワーク4】では全員が性差別はあると回答した。【ワーク1】，【ワーク4】どちらにおいても，自分の家庭環境（兄弟姉妹の有無）や育ってきた環境，性差に

44 第1部 女性と男性

よって書く内容が異なるものの，女性専用車両やレディース・デーを性差別に
あげる女子生徒も多く，男女間における大差は見られなかった。そのため，性
差別の「ある」・「なし」の判断は性差の実存というよりも，それぞれの経験や
環境に基づくことが分かった。

次に，「【最後に】今日の授業の感想を書きましょう」の自由記述をまとめた
のが以下である。

表4-2 【最後に】における生徒の回答（抜粋）

No（性別）	【最後に】
1（男）	差別は嫌な言葉であるけれど，良く考えたことがなく，大きなくくりで考えること しかありませんでしたし，少しだけしか日常生活における差別が私から考えられな かったことに申し訳なさを感じました。心のバリアフリーとかも習いましたし，個 人の考えから改めるのが差別を撤廃をなくしていくのに早いと思いました。
2（女）	社会で働いて賃金の格差とかセクハラとかだけじゃなく，不平等なことは小さい頃 から割と身近に起きていることが分かった（意識はあまりしていなくても）。性別 の格差は男女でお互いに思うところがあるので，真の解決には程遠そう。
3（女）	私の両親は共働きなのですが，毎日お母さんが家事をしたりして父が座って酒飲ん でいるという環境です。何度も「パパも手伝いなよ」と言ってみたものの「俺は 働いているんだ」と怒ってしまいます。今回，授業を受けてみてこれもある一種の 差別なのかなと思って，お母さんの負担を減らせるように父にもう一度話してみた いと思いました。
4（男）	結局のところ，差別をなくすのはまだ無理だと思う。社会的になくしていくには， 法律を遵守させるしかない。しかし，身の周りからなくしていく場合は，会話の内 容を見直し，直すべきところを直していけば，いずれなくなると思う。ということ を見直すことの出来る授業でした。
5（女）	男女の平等化は最近になってから作られたものと知って意外だなと思った。確かに 身の周りには男だから，女だからと言うことが多いなと感じる。実質的平等を重視 して，これから決めていくべきだと思う。
6（女）	平等とは何かと聞かれた時，形式的平等しか思い浮かばなかった。しかし，場合に よって形式的平等だけでなく，実質的平等を取り入れることも必要だと感じました。
7（男）	平等にもさまざまな種類のものがあるということを知った。単に同じものを全ての 人たちに与えるのは平等なのではなく，千差万別である人間にはそれぞれ適応した ものを与えて初めて平等の実現になり得るのだと知った。
8（男）	今まで気がつかなかったけれど，平等にも種類があることを知った。さらに，女性 の待遇が悪いという現実も初めて認識した。形式的平等も実質的平等もどちらも決 して間違えではないと思うから，「であること」と「すること」のようにシーンに

	よって使い分けていくことが平等な社会を実現するために大切だと思った。
9（女）	すごく面白かった。昨日，生徒会執行部の中でも「学校のために正義を選んでいく」のか「みんなのために民主主義を選んでいくのか」について議論になった。その中で平等の話になり，お弁当を温める電子レンジが欲しいという生徒に対して生徒会費から充電式の電子レンジを買うことは電子レンジを利用していない生徒から見てその支出はムダになるという問題にはまってしまったが，今考えれば，電子レンジを買うことは形式的平等であるのかもしれないと思った。結果，私たちは電子レンジが本当に欲しい生徒だけがそれに投資出来るように募金を集めることになったが，こちらが実質的平等の考え方なのかもしれない。（でも，投資をしなかった生徒が電子レンジを使うことを阻止できない……）

（下線は筆者）

　No.1男子は差別に鈍感であった自身を内省し，No.2女子は身近な不平等に気付きを得ていることがわかる。また，No.3女子，No.4男子についてはそれぞれ，家庭における家事分担や日常会話に注目して自ら行動しようとしていることが読み取れる。ここから，性差別に問題意識を持ち，自らの在り方生き方へ目を向けていることがわかる。

　一方，ねらいであった「平等」の概念と結びつけられたのが，No.5女子，No.6女子，No.7男子，No.8男子である。彼らは，形式的平等と実質的平等をとらえ，そのうえで形式的平等が実は平等を実現しないということを理解していることがわかる。これは，展開②で働き方に着目し，現在もある男女の差や女性が蔑視され，差別されてきた経緯，女性差別撤廃に関する知識・理解を促したことが要因と考える。展開②で工夫した点として，「男である」男子生徒は明らかに「女である」女子生徒と反応が異なるため，昨今のマタニティ・ハラスメント事情や，男女雇用機会均等法において男女双方の性差別禁止が定められていることに触れた。こうすることで，男子生徒にも「女性の問題」ではないことへの理解を促し，当事者意識をもたらした。

　また，注目したいのはNo.9女子の生徒である。彼女は，「平等」の概念を生徒会での実体験に結びつけ，考察できている。良い気付きであるものの，「平等」と性差別を正しく接続できたかは読み取れず，授業者が今後，いかに発展させていくかが課題となる。

46 第1部 女性と男性

なお，【最後に】では全員がそれぞれの視点で記述出来ており，多くの生徒が展開 ① の平等に関する概念と結びつけるに至った。

6．成果と課題

本授業実践の成果は2点ある。第1に，生徒の感想からはこれまで気がつかなかったことに気がついたという意見が多く，性差別の問題を表面的な理解から本質的な理解へ一歩前進させる有用性が確認出来たことである。第2に，「平等」の多義的な意味を理解し，理解を深められたことである。

一方，1時間の授業では生徒は見方や考え方を理解したに過ぎず，真の男女平等に向けた自身の在り方生き方や，賃金格差を始めとする男女格差をどのように解消するかを考察させるなど深化する必要がある。また，授業は「政治・経済」で実践したが，「倫理」や「現代社会」のみならず，新科目「公共」への応用が出来る。特に「公共」の扉「イ　公共的な空間における人間としての在り方生き方」では ①「その行為の結果である，個人や社会全体の幸福を重視する考え方」と ②「その行為の動機となる人間的責務としての公正などを重視する考え方」について理解させるとあり，ジェンダー教育との親和性が高い部分である。そのような授業を単元単位で構想していくことを今後の課題として，本章を閉じたい。

参考文献

江原由美子・山田昌弘『ジェンダーの社会学　入門』岩波書店，2008年。

上野千鶴子・大沢真理・竹村和子ほか『上野千鶴子対談集　ラディカルに語れば…』平凡社，2001年。

金野美奈子『ロールズと自由な社会のジェンダー―共生への対話―』勁草書房，2016年。

法教育研究会『我が国における法教育の普及・発展を目指して―新たな時代の自由かつ公正な社会の担い手をはぐくむために―』法教育研究会「報告書」2004年11月4日。

日本弁護士連合会　熊本県弁護士会法教育委員会「『平等』ってなんだろう!?」小学生部会シナリオ，法教育なるほどセミナー2010，2010年。

column 1 「なんかヘン？」の理由発見法　　●升野 伸子

　　HKT48 の『アインシュタインよりディアナ・アグロン』の歌詞が，女性
差別的ではないかと話題を呼んだのは 2016 年春のことでした。初めて聞い
たとき，どう感じましたか？「なんか変。でもね，どこが変なの？と聞かれ
ると説明しにくい……」という人も多かったのではないでしょうか。そんな
場面は日常ではよくあること。ここでは，「ヘン」な理由の発見法のひとつ
をご紹介します。

●『アインシュタインよりディアナ・アグロン』(一部抜粋)
　　　(作詞　秋元康　作曲　FIREWORKS　唄　HKT48 (なこみく＆めるみお))
　難しいことは何も考えない　頭からっぽでいい
　二足歩行が楽だし　ふわり軽く　風船みたいに生きたいんだ
　女の子は可愛くなきゃね　学生時代は　おバカでいい　　(中略)
　テストの点以上　目の大きさが気になる
　どんなに勉強できても　愛されなきゃ意味がない
　スカートをひらひらとさせて　グリーのように　　　(中略)
　人は見た目が肝心　だってだって　内面は見えない
　可愛いは正義よ　チヤホヤされたい

秘訣その 1 　逆にするべし
教員：「女の子は可愛くなきゃね」を逆にしてみましょう。
生徒：女の子は「可愛くない方がいい」「ブスがいい」「可愛くなくてもい
　　　い」「顔じゃない」「性格だ」「頭だ」
　　　……ここで，どれもおかしいなと少しずつ気づき始めます。
教員：「では，女の子を男の子に変えてみましょう」
生徒：男の子は「イケメンじゃなきゃね」
　　　……「それはない」「顔がいいだけじゃダメ」
　　　「頭だよね」……生徒「身も蓋もない」
　　　「お金がなきゃ」「お財布」……「ミツグ君？」「こりゃひどい」

なんてことを言いながら，最初の「女の子は可愛くなきゃね」のどこがおかしいのか，少しずつ言葉にできるようになります。

秀逸なのは，次です。

「それよりも重要なことは　そう　スベスベの　お肌を保つことでしょう？」（前出，『アインシュタインよりディアナ・アグロン』より一部抜粋）を

「フサフサの頭を保つことでしょう？」への変換案が出て一同大爆笑。

では，どうして後者は「ヒドイ」「歌にならない」「面白くない」のに前者は何とも思わなかったのか，誰の目線（価値）での文章なのか，そう質問することで，女性の容姿に対するコメントが日常であることに気づくことができます。そしてそのことに対して異議を唱えることが「お堅い」のか，考えることができます。

稲田朋美元防衛大臣の「私たちはグッドルッキング」という発言が問題となったことや，アメリカの女性誌が「アンチエイジング」という言葉を使うのをやめると宣言したのも，根っこには同じものがあるのです。

授業で学んだツールを用いて日常のなかで応用していく。疑問を言葉にしていく力を身に付けることも，大切なことだと思います。

先日，東京大学のある報告書で，次のようなものを見つけました。

「工学系研究科バイオエンジニアリング専攻が主催する，父兄のための研究室見学会に〇〇研究室が参加」。

これは2013年の五月祭で行われた一般来場者を対象にした見学会の，報告書の一部です。「父兄」を反対にすると……。ちなみに2016年には「ご父母のためのオープンキャンパス」となっていました。学校では「保護者」という言葉を使いますが，皆さんはどの言葉が適切だと思われますか？　とはいうものの，大学生のなかには成年者もおりますが……。

なんて書いていたら，先日（2017年6月頃）同じ東京大学の「ご寄付のお願い」に，「在学生のご父兄から……ご寄付を募って」というフレーズを見つけました。10月に大学のHPをみると「保護者」になっていました……。

第2部

女性と歴史
―― 「これまで」と「これから」 ――

第5章

「明治的伝統」はいかにして作られたか
——皇室典範制定過程における女性天皇の扱いから考える——

石本　由布子

1．なぜ皇室典範と「明治的伝統」なのか

　なぜ，皇室典範をテーマとするのか。それは，高校日本史の授業のなかでの，皇室典範の扱いに対して筆者が感じてきた違和感が理由である。

　2016年の夏に，天皇から退位の希望が示され，退位をどのように扱うかという皇室典範の検討が始まった。約1年かけて検討が重ねられ，天皇の退位等に関する皇室典範特例法が成立したことは記憶に新しい。また，2001年に愛子内親王が誕生し2006年に悠仁親王が誕生するまでの間，皇室典範に定められた「男系の男子」という皇位継承者が不在であったことから，女性天皇容認の必要性が議論されるようになり，政府が設置した有識者会議が皇室典範の改正を議論するなど，報道上では皇室典範という言葉は頻繁にあらわれたことも最近のことである。しかし，皇位継承に関する条項のみが中心として取り扱われ，皇室典範の他の内容や歴史が報道のなかでわかりやすく伝えられたとは思えない。また，授業における扱いも学習指導要領上は特に増えることはなかった。皇室典範の制定については，大日本帝国憲法の制定を扱う単元で付け足しのように触れるだけになっているのはなぜなのか，また，日本国憲法制定には多くの文字数を割いていながら，同時に見直されたはずの現行の皇室典範がどのように改められたかについてはほとんど触れられないまま現在に至るのはなぜか，これが最初の疑問である。

第5章 「明治的伝統」はいかにして作られたか　51

　さらに，近代以降の天皇制で女性天皇が排除されることとなった点について，日本史の授業ではまったく説明されてこないことが，2つ目の疑問点である。日本史の授業のなかでは特に古代において女性天皇が多く登場する。それにもかかわらず，現在の皇室典範では女性が天皇になることは排除されている。皇位継承者が少なく皇室の存続が危機に瀕する状況となり，政府の有識者会議が男子に限った皇位継承の見直しは不可欠と結論づけても，世論における女性天皇への反対意見が根強く議論が立ち消えとなったのはなぜか。そもそも女性天皇の排除は，いつ，どのような議論のもとに，どのような理由で定まったのか，そしてそのことについてなぜ歴史の教科書は触れないのか，これがその疑問の内容である。

　憲法学者奥平康弘は「『萬世一系の天皇』イデオロギーが正統教義として有効にはたらき，理不尽な公権力行使のかずかずを正当化しえた背景には，政治支配層が，そのイデオロギーの神話的な部分に人々が疑いの目を向けないようにするためのいろんな手段を講じたことがあり，そしてそれは人々が少数意見を持ち表明する権利があるとは考えることのできない仕組みのなかで生かされてきた，そして現代の日本も気づかないままに天皇制の『明治的伝統』を引き継いでいる」と述べている（奥平，2017a，p.17）。奥平の言葉は，漠然と抱いてきた先述の私の疑問に，授業を通して向き合うべきだと決意するきっかけとなった。筆者は「明治的伝統」という言葉を明治期に政治的意図をもって創出された「伝統」と理解している。明治に制定された皇室典範の内容を今も引き継いでいるという意味で「明治的伝統」を引き継いでいることを認識し，そしてそのことにどう向き合うかを考える時間をつくることは，歴史の授業に与えられた課題であろう。そのためには，まずは「明治的伝統」を客観視する授業を行う必要があると考えた。今回の授業実践は，そのような問題意識のもとに試みたものである。天皇制と「明治的伝統」との関係がテーマであるため，皇室典範の内容と制定過程を題材とし，皇室典範とは何か，その制定の意義はいかなるものなのか，高校の歴史の授業を通して考えることとした。

52　第 2 部　女性と歴史

取り組んでみて感じることは，一単元で扱えるものではなく，近代全体に影響する非常に大きく深いテーマであり難しかったというのが正直なところである。しかし，だからこそ今後も考え続けるべきテーマであるとも言える。本実践は，高校日本史での皇室典範についての学習を通して，われわれは「明治的伝統」とどのような関係にあるのかについて考える試みの，筆者にとってのスタート地点である。

2. 主題について

本実践は，皇室典範の制定に見える「明治的伝統」の内容およびその背景にある思想を探るものである。その際，天皇制が女性をどう見ていたかという視点を盛り込み，従来の教科書の内容に加えて，さらに充実させる必要があると思われる視点を提示したい。

(1) 皇室典範の概要

ここでは 1889（明治 22）年に成立した，いわゆる旧皇室典範（以下皇室典範）を扱う。皇室典範は皇室及び皇族の基本法であり，皇位継承をはじめ結婚・摂政・皇族などが定められている。柳原前光の，数度にわたる案を井上毅が加筆修正し，伊藤博文の決裁を受けて枢密院での審議ののちに成立した。大日本帝国憲法と同格の根本法であり，大日本帝国憲法との間に効力の上下はなかった（荒木，1999，p. 19）。また，「帝国議会の協賛を経るを要せざる」ものであり，「臣民の敢て干渉する所に非ず」とされ，大日本帝国憲法と同日に公布されたものの，非公式とされた。大日本帝国憲法およびその他の諸法典の制定が必要とされた背景には，第 1 に幕藩体制下に締結した不平等条約改正のための必要条件として，憲法典制定により国家の近代化を図るという体裁を西欧諸国に示すという対欧米諸国向け配慮，第 2 に，国会開設・憲法制定要求などを掲げて広く展開した自由民権運動に何らかの仕方で対応することが迫られていたという対内的な考慮，この 2 つの要因が強く働いているが，皇室典範制定もその流

第5章 「明治的伝統」はいかにして作られたか　53

れのなかで制定された。したがって，皇位継承のルールは西欧諸国に説明でき
る内容であることが求められたのである。

その内容は，大日本帝国憲法と深いつながりを持っている。大日本帝国憲法
は，第1条「大日本帝国ハ萬世一系ノ天皇之ヲ統治ス」，第2条「皇位ハ皇室
典範ノ定ムル所ニ依リ皇男子孫之ヲ継承ス」となっているが，皇室典範に規定
された皇位継承の在り方が「萬世一系」を規定していることから，両者は一体
の存在であるといえ，だからこそ教科書においても同じ単元で扱うこととなっ
ているのである。

(2) 皇室典範における皇位継承の規定

皇室典範では，男統（男系・男子）主義，長子主義，直系主義，嫡出優先（庶
子後方）主義が宣言されている（奥平，2017b，p.10）。

本実践では，母親が正妻であるか否かを問わず，男性天皇の血を受け継ぐ男
子のみが皇位継承者たりうるという男系・男子主義が，皇位継承を貫く原則で
あるということが，どのような議論のなかで決定づけられていったのかを学習
し，その歴史的意義を考察する。

(3) 皇位継承における女帝の扱い

皇室典範制定までの過程においては女帝肯定論も少なからず存在していた。
最終的に男系・男子主義に決着させるのに大きな役割を果たしたのは井上毅で
ある。井上毅は「謹具意見」（年代 1885-1886（起草年代未詳）『梧陰文庫影印　明治皇
室典範制定前史』國學院大學梧陰文庫研究会，1982）という意見書のなかで政治結社
である嚶鳴社が 1882 年に行った「女帝ヲ立ルノ可否」と題する『東京横浜毎
日新聞』紙上の討論を引用しつつ，女帝排除の論理を展開している。その論旨
は以下のとおりである。① 過去の女帝は「男統の男子」が正式に皇位に就く
までの一時的・暫定的な，経過的措置としての就任に過ぎなかった。② 女性
が皇位に就いた場合，その皇婿の選択や，皇婿の政治的なふるまい，女帝の結

54　第2部　女性と歴史

婚の結果，生まれた皇太子が夫の姓を名乗り皇統が他姓に移る，など想定し得る厄介ごとをどう抑制するか解決がつかない（奥平，2017b，p.23）。③女帝は統治能力が不十分であり，また女性が選挙権を有していないなかで女帝が最高政権を握ることは矛盾する（『梧陰文庫影印　明治皇室典範制定前史』pp.502-503）。以上が井上毅の説いた男系・男子主義の主張の根拠であり，これに基づいて井上らの考える「萬世一系」が皇室典範に規定された。

　本実践では「謹具意見」を資料として用い，上記の点を生徒たちに読み取らせることを試みる。

(4) 皇室典範における「庶出の男子」の扱い

　女帝が排除されたことにより，皇位継承者が男子に限られるとなったが，このことは，皇位継承者が不足する恐れを招く。これに対し，嚶鳴社の沼間守一は「過去にそのような事態に陥ったことがない」（『梧陰文庫影印』p.502），井上は「ほかに方法がある」（『梧陰文庫影印』p.503）と答えている。沼間と井上がそのように答えた背景には，日本天皇家にあっては，非嫡出子（庶男子）でも皇位を継承できる制度になっていたということがある。沼間らの男系・男子主義による女帝排斥論が，実は庶子容認という独特な日本的補助慣行＝伝統と不可分の関係にあることは，明らかである（奥平，2017b，p.31）。しかし，このことがはっきりと主張されることはない。これは，教科書のなかでもまったく出てこない側面である。

　本実践では男系・男子主義の背景に庶子容認の前提があることにも触れ，またなぜこの点が前面にあらわれないのかについても考える。

3．授業実践

(1) 実践の目的

　本実践では皇位継承における「明治的伝統」の客体化を目的とする。その際，①大日本帝国憲法と皇室典範がどのような関連をもって同時に制定されたか，

② 皇室典範制定過程での議論の内容と結論はいかなるものであったか，③ 皇室典範制定にはどのような意義があるか，について学び，議論を通して考えることとした。

(2) 対象クラスについて

　実践対象となるのは全日制普通科高校2年生の日本史選択者のクラスである。男子15名，女子10名の構成である。活発な女子生徒もなかにはいるものの，リーダーシップが必要な場面では男子生徒に任せるという雰囲気が強い。特に，話し合い活動を授業に盛り込んだ際には，意見をまとめて発表する役割を男子に委ねる場合が多く，課題を感じてきた。また普段，新聞やテレビのニュースをよくみるという生徒が少数はいるものの，多数の生徒たちはテレビのニュースを聞き流していることが多いようである。そのため，皇室典範についての議論がなされていたことをなんとなくは知っていたものの，詳しい内容まではわからないという子たちがほとんどであった。

(3) 単元について

　本実践における単元構成は大単元：近代国家の成立，中単元：立憲国家の成立と日清戦争，小単元：憲法の制定，となっている。そのうち，授業実践例として小単元：憲法の制定，の学習指導案を2時間構成で示す。最初の1時間が大日本帝国憲法の制定，次の1時間が皇室典範の制定という構成である。

　既習事項として，不平等条約の改正が大きな課題であったことや，国家の目指す方向として富国強兵が強く意識されていたことがある。また，本時の実践以降には，民法，選挙制度，教育に関する勅語など関連する内容が続く。それらの学習の際にも，本時で考える「明治的伝統」がどのように形成されていったかに触れ，そこで形成されていく意識が日清戦争にどのようにつながっていくか，考えることとする。

56　第2部　女性と歴史

(4) 学習指導案

学習指導案1　大日本帝国憲法の制定（第1時間目）

	学習活動と内容	指導上の留意点・資料等
導入	• 既習内容の確認 不平等条約の改正のために何が必要とされたか	• 近代的法制度の整備が必要とされていたことを確認する。
展開	• 大日本帝国憲法の制定の背景と制定までの過程 • 憲法の形式および内容の特徴 • 天皇の扱いについての考察	• 強力な君主権を天皇に認めたことと，第1条にある「萬世一系」という言葉の意味と男系・男子主義の内容を理解させる
まとめ	• 大日本帝国憲法で目指された国家像とは何か その中での天皇の位置づけはどのようなものか	• 日本政府が直面していた対外的・国内的背景を考慮させる。

学習指導案2　皇室典範の制定（第2時間目）

	学習活動と内容	指導上の留意点・資料等
導入	• 皇室典範についての事前知識の確認	• 皇位継承や退位に関する報道内容を思い起こさせる。
展開	• 皇室典範について知る 1　皇室典範とは何か 2　大日本帝国憲法とどう関連しているか。 3　どのような議論があって女性天皇は排除されたか 4　皇位継承者不足の事態に対して，どのような対策が想定されていたか	• 内容の概要を理解させる。（資料：皇室典範） • 皇位継承に関する規則の内容と女帝排除の理由を読み取らせる。（資料：謹具意見） • 皇位継承を定める上での議論の内容と結論を理解させる。 • 庶子容認によって男系・男子による相続が保証され，「萬世一系」を支える仕組みとなることについて考察させる。
まとめ	• 皇室典範と大日本帝国憲法はどのような国家を目指していたか	• 第1時間目の内容と併せて憲法制定が目指したことを考察する

第5章 「明治的伝統」はいかにして作られたか　57

4．生徒の変容と課題

　大日本帝国憲法に関しては，中学校でも学習してきたことであるが，「萬世一系」という言葉や皇室典範について詳しく学ぶのは生徒たちにとっては初めてのことであると考えられたため，皇室典範について授業に先立って意識調査を行った。その結果は，以下の表5-1の通りである。

表5-1　皇室典範の事前知識についての意識調査

質　問　内　容	％
皇室典範という言葉を知っている	41
皇室典範は何を規定しているか知っている	16
現代の皇位継承の中心的な内容は明治に定められたと知っている	14
現在，女性の天皇は認められていないことを知っている	38
現在，女性の天皇が認められていないことの理由を知っている	16

　このように，皇室典範という言葉は知っているものの，その内容や制定の背景についてはあまりよくわからない，というのが生徒の状況であった。

(1) 大日本帝国憲法の制定（第1時間目）について

　「萬世一系」という観念については，教科書では特に説明が割かれていない内容であるが，大日本帝国憲法の第1条に規定された内容であり，現在の皇位継承のもつ課題を知る上では理解すべき用語でもある。また，今回の授業の目的であった「明治的伝統」を理解するという上でも重要なキーワードあったため，授業では触れることとした。ワークシートを用いて学習を進め，① 大日本帝国憲法の制定が必要とされた背景，② 外交面・内政面の課題を克服するためにどのような内容の憲法とすることが求められたか，③ 大日本帝国憲法ではどのような国家像を描いていたのかの順に学習を進めた。① に関しては「近代的立憲国家となることを対外的にアピールする」「列強と並ぶ存在にな

58　第2部　女性と歴史

る」といった回答が見られた。② に関しては「天皇に強い権限を与えること
で政府の指導力を強めた」「政府主導の富国強兵を進めやすくした」という回
答が見られた。また，③ については「国家として独立し列強と同様に軍事的
にも経済的にも強い国」「欧米列強にも負けない国とするため平等や自由とい
った考え方は犠牲にする」という回答が見られた。平等や自由を犠牲にすると
いう回答については，「萬世一系」の意味とその内容が規定された理由を学ん
だことによる成果であると考えられる。このように生徒たちは大日本帝国憲法
の成立過程，その内容，成立の意義についてある程度は理解し考えることがで
きたようである。

(2) 皇室典範の制定（第2時間目）について

　第2時間目の皇室典範の制定については ① 皇室典範とは何か，② 大日本帝
国憲法とどのように関連しているか，③ どのような方針のもとに制定されたか，
④ 女帝排除と庶子容認と関係について，⑤ 大日本帝国憲法と皇室典範が目指
した国家像についてという順で学習した。① に関しては概要であったため特
に問題なく理解が進んだ。② に関しては「萬世一系」の用語理解が不可欠で
あったが，皇室典範の男系・男子継承が萬世一系と一体となる考え方であるこ
とを理解したようである。③ に関しては大きな驚きをもって受け止められた。
なぜなら，現代であれば男女差別があったとしても肯定する形では表立った議
論には上らないという生徒たちの感覚と，嚶鳴社の新聞紙上での公開討論にお
いて男尊女卑が肯定され，政権側もそれを公然と支持していくということへの
感覚の大きなずれを感じたからのようであった。生徒たちの特に女子生徒には
「日本の政治に女性は必要ないと思われていたのは残念である」「女というだけ
で差別されていたのは悲しい」という反応をもたらした。そのようなショック
は，その後の民法や選挙制度についての学びを深めるきっかけとして生かされ
ることを期待する。④ については「男系・男子には厳格にこだわるが庶子に
はかなり寛容なのが不思議である」「変なところで都合よくできている」とい

第5章 「明治的伝統」はいかにして作られたか　59

った反応が見られた。これも，現代の生徒の感覚とのずれから生じたものであろう。最後のまとめとなる⑤に関しては「天皇を中心とした強い政府によって指導される国」「欧米と肩を並べることを目指す国」「弱者の声ではなく強い人たちの声で引っ張っていく国ということが男尊女卑という形にあらわれているが，それだけ急激な近代化が求められていたのだと思う」という回答が見られた。現代の自分たちとの感覚のずれを超えて，当時の歴史的背景を知った上での理解が進んだことがわかる。さらには，「本当の強国は男女平等の国でないと作れないのではないか」というように，独自の疑問点を見出した生徒もいた。ここで考察したことや得られた疑問点を，生徒たち自身が今後も考え，現在の社会における影響に至るまで考察できるよう，引き続き働きかける必要がある。

　授業を行うにあたって，男女が混在する班によるディスカッションの時間を持った。通常の授業でもしばしば行ってきた活動であるが，議論を通して現代の生徒たちの感覚と皇室典範の規定を比較し，その成立の背景を理解できたのは客体化の結果であり有意義であった。また，女子の視点からの意見に男子生徒たちが普段以上に耳を傾けていたのが印象的であった。

5．皇室典範における女帝の扱いと「明治的伝統」との関連を扱って

　皇室典範を題材に扱うことで，「明治的伝統」というものについて考え，それが現代のわれわれにどのように引き継がれているか，というテーマに挑んだが，この課題はこの実践に当たる2時間だけで取り組めるものではないことに気づかされた。むしろ，本実践をきっかけとして近現代史全体を覆う概念として，継続的に取り組むべき視点である。特に，戦後の新皇室典範制定史についての実践を併せて行うことが，今回提示した「明治的伝統」を女性・女系天皇の扱いから考える上では，必要不可欠であると考える。その部分の授業をまだ行っていない現段階では，この実践は経過報告に留まるものとも言える。今回，

60 第2部 女性と歴史

取り組む機会を得たこのテーマには，今後も向き合い続けていきたいと考えている。

　また，古代の女性天皇についての知識を深め，定説のみならず近年の古代史研究の成果からもたらされる新たな視点を知ることは，本実践内容の理解を深める上で重要である。なぜなら，明治の皇室典範制定時にも異論が唱えられていたが，結局のところ成立した「女帝中継ぎ論」が現代においても支配的であるのは，「明治的伝統」がうかがえる一例であり，われわれがその視点から一歩離れて通説を見直すことにより，別の結論が得られる可能性は捨てきれないからである。古代史の授業を行う際にも，女性天皇に関する学習を充実させる視点を持ち，定説のみでなくさまざまな角度からの検討材料を提示することは，生徒たちに新たな視点を提供することとなり，有意義であると考えられる。

　さらには，両性の本質的平等をうたう日本国憲法の下位法となった皇室典範であるが，皇位継承において女系・女子が排除されていることへの憲法学会における議論も，現代史の授業で取り入れ，考える材料としたい。

　本実践をスタート地点として，今後は歴史授業全体を通して，女性天皇という切り口から歴史をとらえなおす試みを，機会をとらえて行いたいと考えている。

参考文献

荒木敏夫『可能性としての女帝―女帝と王権・国家―』青木書店，1999年。

伊藤博文編『明治百年史叢書128　秘書類纂　帝室制度資料　上』原書房（復刻原本1936年発行），1970年。

奥平康弘『「萬世一系」の研究（上）―「皇室典範的なるもの」への視座―』岩波書店，2017a年。

奥平康弘『「萬世一系」の研究（下）―「皇室典範的なるもの」への視座―』岩波書店，2017b年。

小田部雄次『四代の天皇と女性たち』文藝春秋，2002年。

國學院大學梧陰文庫研究会『梧陰文庫影印　明治皇室典範制定前史』1982年。

仁藤敦史『女帝の世紀―皇位継承と政争―』角川書店，2006年。

早川紀代『近代天皇制と国民国家―両性関係を軸として―』青木書店，2005年。

第 6 章

台所と政治はどう繋がるのか？
──暮らしに根づいた女性運動家・奥むめお──

齋藤　慶子

1．問題関心と教材としての「奥むめお」の意義

　1990 年代以降，少子化対策として，さまざまな子育て支援策が打ち出されてきた。しかし，「男性の働き方」を視野に入れて，仕事と家庭のバランスについて社会的合意を求め，子育て支援を行っていく方向で施策が示されるようになるのは 2000 年以降のことである。1999 年に男女共同参画社会基本法が制定され，性別役割分業観にとらわれない新たな社会を男女が共に参画して作り上げていくことが目指されているが，男性も含めた仕事と家庭のバランスについての社会的合意を得ていくための課題は未だに残されている。筆者は，こうした現代的課題を見据えながら，戦前期の小学校女性教員が抱えていた「仕事と家庭の両立問題」という「公」と「私」の鬩ぎ合いの問題について分析・検討する歴史研究を行ってきた。

　戦前の日本において，小学校女性教員の仕事と家庭の両立問題が，「有夫女教員問題」あるいは「部分勤務制問題」としてメディアでも取り上げられ顕在化したのは 1910 〜 1920 年代のことである。これと同時期，「働く婦人」が併せ持つ「家庭婦人」としての側面を取り出し，その生活を「消費」の面からとらえ，社会化することを試みた女性運動家がいた。「奥むめお」である。

　奥むめおは，1895 年に福井県に鍛冶屋の長女として生まれた。1916 年に日本女子大学校家政学部を卒業後，平塚らいてうや市川房枝らと共に 1920 年に

62　第2部　女性と歴史

新婦人協会を設立。婦人参政権運動を展開し，治安警察法第5条の改正等に尽力した。その後，1923年に職業婦人社を設立し，殊に働かなければ生活が立ち行かない「無産家庭婦人」を対象として，その生活を向上させるために，婦人セツルメント運動や消費組合運動などの活動を展開した。戦時下には，国策委員として，女性の職場進出という国家要請に順応しながら，戦前から貫かれた活動である「働く婦人」の問題への対応に取り組んだ。戦後は，主婦連合会を設立し，さまざまな消費者の生活に関わる「製品実験」をおこない，粗悪品の改善などを企業に求め，国民生活の向上をはかった。それとともに，国会議員となり消費者庁の設立に尽力し，「台所と政治」を結びつける活動を展開した人物である。

　以上のような奥むめおの活動を考えた時，「家事・育児の共同化」というひとつの信念をキーワードとしてあげることができる。また，奥は，「男は外（公的領域）で経済的活動を，女は内（私的領域）で家事・育児を」という性別役割分業観になぞらえて，生産活動（公的領域の活動）と消費活動（私的領域の活動）の関係をとらえていた（阿久・成田，1981，pp. 221-264）。性別役割分業観になぞらえた生産活動と消費活動の関係性への奥の認識は，2つの活動姿勢を生み出した。

　ひとつ目は，個々の女性たちが「私的領域」でモノを使用（消費）する際に生じる不具合等の困難な問題は，他の多くの人も抱える「共通の困難な問題」であり，女性たちは声をあげ，問題に自覚的になるべきであるという活動姿勢である。2つ目は，不具合等の困難な問題の解決・改善を目指すことは生産の向上につながり，消費の場（私的領域）のなかでの問題は生産の場（公的領域）の問題でもあるという「公」と「私」の連続性を示す活動姿勢である。

　こうした奥の活動は，公私を切り離すのではなく一対のものとみなすジェンダー史の観点からの学習においても有意義なものである。一方で，性別役割分業観の是正それ自体に対しての理念的な転換を掲げずに展開していた奥の活動は，現代のジェンダー学習から考えると「矛盾」と映るかもしれない。しかし，

第6章　台所と政治はどう繋がるのか？　63

歴史学習として，戦前の時代に女性が置かれていた制度的・社会的位置づけを正確にとらえ，その時代の人びとの現実の生活と活動の意義を理解することは，「現代に生まれてよかった」という単純な感想に留まらない学びに繋がると考える。女性の権利や性別役割分業観に関する理論や思想を前面にださず，女性たちの実生活に根差した奥の活動を歴史学習として学ぶことの意義は大きい。

２．奥むめおの社会参画への歩み

(1) 戦前～戦時下
① 婦人参政権運動

　奥は，平塚らいてうに請われ，1920年に新婦人協会理事に就任する。新婦人協会は，治安警察法第5条を改正する請願運動を展開し，部分的とはいえ女性の政治的権利獲得に成功したが，こうした新婦人協会の活動について，山川菊栄は，「労して益なき議会運動」であると批判した。これに対して奥は，「治警法第5条という存在すら知らない婦人たちに，その悪法の意味をしらせただけでも意義は大きいはずだ」と訴えた。また，「婦人たちの日常生活のなかに根をはり，社会革命への道を切り拓いてゆくことが，わたしたちの仕事です」（奥，1991，p.101）という奥の自伝の言葉には，「後衛の仕事」を使命として実践を貫いた意図を読み取ることができる。奥の活動は同時代の女性たちの現実の生活要求に支えられたものであり，その活動の進め方が参加者の主体性を引き出し，活動に関わる「働く女性」たち一人ひとりが主人公として企画・運営する「自治と協同」の事業に徹していくという意図が貫かれている。

② 働く婦人の支援

　1926年，奥は消費組合運動に着手し，消費者運動が「消費を司る主人公」である「家庭婦人にとって，一番しっくりくる運動」と考えるようになった。1928年に婦人消費組合協会を結成。次いで1930年に東京・本所に婦人セツルメントを設立し，地域の女性たちと協力して託児事業などを行い，生活の合理化・共同化に取り組んだ。婦人消費組合協会では，「消費者としての婦人の立

64　第 2 部　女性と歴史

場から物価値下げ，不正商品の征伐からはじめて，児童福祉，母性保護，学校
教育の改善，税制改革，社会的福利施設の増設など，そこまでわたしたちの声
を挙げられる」ことが目指され，さしあたっては「"産地直送"や物価の調査
や，日用品の品質検査，講習会は開きたい」とその目標が据えられた（奥,
1991，p. 92）。

　また，働く女性を支援する奥の実践として，働く婦人の家の運営を行った。
働く婦人の家の建物平面図や女性たちの活動を写した写真アルバムからは，
「大勢の職業婦人が自治的に協力して，生活の向上をはかり」，互いに助け合い
ながら「職業婦人の社会事業を育ててゆく」という奥の理想が真実に実現して
いたことを読み取ることができる。さらに，奥は，働く婦人の家と並んで婦人
セツルメント事業を展開していた。婦人セツルメント事業について，奥は「婦
人の社会学校」「婦人が働きつつ学び，学びつつ広い社会に働きかける所」と
考えていた。女性の社会参画を目指す奥の独自性を示す重要な活動である。

　奥は，総力戦体制下で初めて公職に就き，厚生省や大政翼賛会の委員として，
婦人労働政策に「女子の保護」を盛り込む努力を重ねた。著書『花ある職場
へ』は，戦時下という時代の趨勢に憤りを感じつつも，働く女性たちの「保
護」と「福祉」に専心していた奥の姿を映し出している。

(2) 戦　後

① 主婦の団結

　戦後，消費者としての主婦の声を結集する組織の必要性を痛感した奥は，
1948 年主婦連合会を結成し，身近な家庭生活の面から社会・政治・経済問題
に取り組み，物価値上げ反対，科学的品質検査に基づく不良商品追放などの運
動を展開した。『主婦連たより』・『台所と政治』・主婦大会や主婦の店選定に関
する資料・アルバムからは，主婦連設立の契機となった不良マッチ退治主婦大
会や物価値上げ反対全国主婦総決起大会がどのように組織されたかを知ること
ができる。また，『主婦連たより』第 1 号には，戦後の混乱と生活の困難に立

ち向かう主婦の団結によって展開される活動を「楽しい闘い」として呼びかける奥の指導者としての心構えが示されている。

② 台所から政治へ

戦前・戦中の活動を踏まえ，「茶の間や台所にある悩みや願いや希望を，政治の大きなテーマにのせたい」と考えた奥は，1947年から18年間参議院議員をつとめた。また，台所と政治を結びつけるもうひとつの活動は，消費者としての主婦による異議申し立て・提案運動である。その典型的な活動が，1949年の「主婦の店」選定運動である。「主婦の店選定基準」「主婦の店六ヶ条」を掲げたポスターなどは，主婦が共同して身近な問題について消費者の視点から提案し，現状の変革へと至る過程を示す貴重な資料である。運動は物価安定に貢献し，同年の米価値上げ反対運動，1955年の10円牛乳運動，1957年の国会議員の歳費値上げ反対運動などの消費者運動へと発展した。

授業実践では，こうした内容を，奥むめおの著作，主婦連合会による『主婦たより』のほかに，国立女性教育会館（以下，NWECと略す）のデジタルアーカイブ事業の一環としてNWECに移管所蔵された「奥むめおコレクション」を活用し，Fact Sheet及びデジタルアーカイブで公開されている画像等を教材として用いた（筆者は，2007年度に「奥むめおコレクション」の資料整理及びFact Sheet作成に携わり，資料解題を執筆している（上村・齋藤・渋谷，2008））。

3．授業実践

実践を行った科目「家族社会学A」は，公立の男女共学大学の講義科目である。後期に実施される「家族社会学B」と対になる半期の専門基礎科目（大学2年次以上対象）であり，2017年度の受講者数は58名であった。「家族社会学A」では，「家族社会学」の基礎・基本的な知識や視座の獲得のほか，「家族」というもっとも身近な問題を考える上で「自然」とされることが，実は近代以降の社会のなかでつくりあげられてきたということへの理解を深めることを授業目標としている。時代背景を踏まえて史・資料を読み解くことを通して，家族・

66　第2部　女性と歴史

家庭の枠を超えた「家事・育児の共同化」と女性のエンパワメントを目指した
奥の活動の意義を理解し，奥の活動から現代の家族の諸問題に得られる示唆を
考えることを本授業の目標とした。

(1) 導入：奥むめおは，どのような活動をした人なのか

　「導入」では，「奥むめおはいつの時代のどのような出自の人物で，どのよう
な活動をした人物なのか」について，社会全体の動きと併せた資料年表を作成
しながら確認した。そして，「『家事・育児の共同化』と女性のエンパワメント
を目指した奥の活動の意義を理解し，奥の活動から現代の家族の諸問題に得ら
れる示唆を考える」という授業目標を提示した。その後，表6-1の授業案に
示したように展開1～展開3に分けて実践を行った。

(2) 展　開
① 展開1【理論から実践へ】

　社会のなかでの女性の位置づけを変えるためには，家庭に根ざした女性の生
活実態に即した活動を行うべきであるという奥の気づきを，日本女子大学校卒
業後に女工経験をした時期から，新婦人協会で治安警察法第5条改正に奮闘し
た1920年代半ばまでを対象とした史・資料から読み取らせた。具体的には，
資料1「理論から実践へ―奥，女工になる」（奥，1991，p. 40）を読み，日本女
子大学校を卒業した奥が「なぜ，女工になろうと決心したのか」を確認した。
そして，奥が「実践の中に信念はある」という考えに至った経緯と，奥が貫い
た「後衛」の実践に込めた意味を，資料2「後衛の意味」（奥，1991，p. 101）か
ら考察した。

　次に，資料3「婦人と社会的関心」から，女性が担う「私的領域」の問題に
目を向け，女性の生活実態に即した活動を行うことが，「公開領域」での女性
の位置づけの変容に結びつくのだという奥の気づきを読み取らせ，展開2で扱
う婦人消費組合協会，「働く婦人の家」，および「婦人セツルメント」の活動に

繋げた。

② 展開2【家事・育児の共同化】―女性のエンパワメントを目指して―

「婦人セツルメント」「働く婦人の家」を設立した1930年代の奥の活動に焦点を当て，奥が消費を通じた「家事・育児の共同性」をつくりあげたことを理解させた。まず，資料4「婦人消費組合協会をつくる」(奥, 1991, pp. 91-94) を読み，奥が婦人消費組合協会で具体的にどのような活動を目指していたのかを確認した。次に資料5「婦人セツルメント事業―生活の合理化・共同化に向けて―」と資料6「働く婦人の家設立」(Fact Sheet) から，「婦人セツルメント事業」および「働く婦人の家」での具体的な活動を確認した。

そのうえで，資料4～資料6を踏まえながら，奥が，「生産＝公的領域／消費＝私的領域」の構図のなかで「生産と消費」の関係をとらえていたこと，「消費者としての婦人が団結」し，共同購入を通じて生産者や業者といった「公的領域」の実態を知り「社会問題の一角に触れる」ことを目論んでいたことを説明した。

最後に，奥が実践の場とした「働く婦人の家」や「婦人セツルメント事業」は女性たちにとって「どのような場」であったのかを考えさせ，数名の学生を指名して回答させた。学生からは，「互いに助け合い職業婦人の社会事業を育ててゆく場」「協力して，生活の向上をはかり，共助，団結し，職業婦人の社会事業を育てていく場」「お互い助け合い，勉強しあい，鍛えあい女性の地位向上を促していく場」という回答が出された。これらを踏まえて，奥は，女性が働きつつ学び，学びつつ広い社会へ働きかける場の構築を行い，消費と共同生活の実践を通して，「女性のエンパワメント」を図っていたことを理解させた。

③ 展開3【主婦連合会の活動】

戦後，奥は「主婦連合会会長」として，そして「国会議員」として活動を続けた。奥は，なぜ「主婦連合会会長」と「国会議員」の二足の草鞋を履き続けたのか。その意図を考えさせた。具体的には，まず，資料7「マッチから火がついた『主婦の会』運動」(Fact Sheet)，資料8「"主婦大会"燎原火のごとく」

68　第2部　女性と歴史

表6-1　授業の展開

	具体的な学習活動	指導上の留意点・配慮点	史資料
導入	○奥むめおという人物を知る ・資料年表をもとに各自で作業用年表の空欄を埋める ○授業の目標を理解する ⬚「家事・育児の共同化」を目指した奥むめおの戦前と戦後の活動を史・資料を通して理解し，「私的領域」での事象を「公的領域」の問題としてとらえることの意義について考える。	史・資料の配布	・資料年表 ・作業用年表
展開1	【理論から実践へ】 ○理論から実践へ ・資料1を読み，質問1の回答をワークシートに記入 　→「実践の中に信念はある」という奥の考えを理解する ○後衛の意味 ・資料2を読み，質問2の回答をワークシートに記入 ⬚「公的領域」での女性の位置づけを変えるためには，女性が担う「私的領域」の問題に目を向け，女性の生活の実態に即した活動を行うべきであるという奥の気づきを理解する。	・（質問1）なぜ「女工になろう」と奥は決心したのか ・高校までの既習事項である新婦人協会，新しい女，平塚らいてう，市川房枝，婦人参政権運動などの概説を行う ・（質問2）「後衛」の仕事とは，どういう意味か	資料1 資料2 資料3
展開2	【家事・育児の共同化】 ○婦人消費組合協会の活動について知る ○「家事・育児の共同化」 ・資料4・5・6を読み，「婦人消費組合協会」や「婦人セツルメント事業」「働く婦人の家」での具体的な取り組みを知る 　→女性が担う「私的領域」の生活の合理化や共同化を目的とした活動内容を知る	（質問3）「婦人セツルメント」や「働く婦人の家」では，どのような活動が展開されていたか ・奥の活動のキーワードとなる「共同化」について説明する （質問4）「婦人セツルメント」や「働く婦人の家」は，女性たちにとってどのような場であったのか	資料4 資料5 資料6

第6章　台所と政治はどう繋がるのか？　69

	「婦人セツルメント」や「働く婦人の家」は，女性たちが働きつつ学び，学びつつ広い社会（公的領域）に働きかける場であったことを理解する。		
展開3	【主婦連合会の活動】		
	戦後，奥はなぜ「国会議員」と「主婦連合会会長」の二足の草鞋を履き続けたのか？		
	○主婦連合会の活動の意義 →「たのしい闘い」（『主婦連たより』第1号）を読み，女性たちが自分の意志で社会に向けて発言し団結することを奥が求めていたことを知る	・（質問5）「主婦の会」運動に集まる主婦たちに奥が求めていた行動とは？	資料7 資料8
	○「主婦の歌」の復元動画（Youtube）を聞く 1948年12月10日の全国主婦総決起集会（日比谷公会堂）で歌われた歌の復元		
	○国会議員としての奥の信念と自負 →「暮し（私的領域）と政治（公的領域）を結びつけること」という奥の信念 「私は消費者代表だ」という奥の自負	・（質問6）国会議員になった奥の「自負」とは？	資料9 資料10
まとめ	児童虐待，DV，介護問題といった現代の家族の問題（「私的領域」の問題）に対して，奥の活動から何を学び，どのような示唆を得ることができるか。		
	○グループ内で自分の考えを話し，他者の意見を聞いた上で，各自の考えをワークシートにまとめる		

70 第2部 女性と歴史

（奥，1991，pp. 176-178）から，主婦連合会の活動の意義について考えさせた。さらに，1948年12月10日の全国主婦総決起集会（日比谷公会堂）で歌われた「主婦の歌」（野口倭代作詞・武石秀夫作曲。復元：細川幸一，作成：村場一浩　2015年）の復元動画（Youtube）を聞き，1)団結の意義，2)主婦による私的領域のなかでの「消費」活動と小売業者などの公的領域の組織とのつながり，3)私的領域における「主婦の知恵」が，社会を変革させていく力となるという意義を確認した。

　次に，資料9「参議院議員として―奥さん，国会へ」（Fact Sheet），資料10「暮しと政治を結びつけること―生活省の提案」（Fact Sheet）を用いて，「暮し（私的領域）と政治（公的領域）を結びつけること」「私は消費者代表だ」という奥の信念と自負を読み取らせた。消費者である女性が，問題の当事者として生活のなかの諸問題を自覚し社会に訴える力をエンパワメントする組織としての「主婦連合会」と，消費者としての女性の問題を社会全体で男女ともに受けとめ変革していくために女性と社会を繋ぐ役割として「国会議員」を務めることは，奥にとって表裏一体のものであり，そのことこそが「主婦連合会会長と国会議員という二足の草鞋」を履き続けた理由であったことを考察した。

(4) まとめ

　最後に，戦前・戦後の奥の活動から，児童虐待，DV，介護問題など現代の家族（私的領域）の問題に対して得られる示唆について考えさせた。学生（58人）の回答は，A「奥の活動に対する思いや活動内容の意義を解釈したうえで，時代背景の違いを考慮しつつ現代の家族に関する問題への示唆を考えている」（17人），B「奥の活動を解釈したうえで，そのまま現代の家族問題に結びつけて示唆を考えている」（30人），C「奥の活動への解釈がなく，現代の家族問題への示唆への言及のみ回答している」（11人）の3つに大別できる。ここでは，紙幅の関係上，Aに該当する学生の回答を検討していく。下線は筆者である。

　【学生の回答1】奥が行った行動は常に消費者・主婦に寄り添い，彼女らに

第6章　台所と政治はどう繋がるのか？　71

何かをさせるというよりかは，彼女らが行動に移せるようなきっかけ作りを多くしていると考える。今の時代は，家族の形も社会の形もいろいろあって，分かりにくいなかで，現状がどうなっているかも見えてきていない。形が見えなければ，何もできないのだから，奥の行った寄り添い，女性たちが意見を言えるような場づくり，問題をちゃんと明らかにすることが大切だと思う。

　現在の家族が抱える問題の特徴を「見えにくい」「分かりにくい」という点に見出し，そうした問題の可視化を，女性をエンパワメントした奥の「寄り添い」や「場の提供」といった活動が可能にさせると考えている。

【学生の回答2】社会的弱者のまま弱者として「安住」し，問題に無自覚だったり諦めてしまっている状況が，児童虐待やDVや介護問題に見えており，奥が男女不平等の解消に立ち上がる前も，このことが顕著にあらわれていた。その共通項において奥が啓発したのは，問題を自覚させ実践的に自立できる場で団結して活動していくことだった。そのため，児童虐待やDVや介護問題においても，自覚させ，共通の問題で苦しむ人びとが団結し，活動できる機会や場所を作り，自ら声をあげていくことが大事だと考える。

　男女不平等の問題を解消しようとした奥の活動と現代の家族問題との時代の違いを念頭に置きつつ，両者の間に「無自覚」という共通項を見出している。その上で，「自覚」と「団結」の重要性を奥の活動のなかから学び取っている。

【学生の回答3】今は，議員が国民の本当の声，やってほしいことを聞いてくれず，制度をつくりにくい体制になっているのではないかと思った。国民の声と政治の場をつなぐ人がいない。個々人がそれぞれの問題を自分のせいだと抱え込んで社会全体として考えることが出来ていない気がする。「自由」が逆に個人の問題を放置する理由になってしまっている気がする。

72　第2部　女性と歴史

奥の活動から，個の問題を社会全体で考えることの重要性を学び取っている。一方で，奥の活動と現代の問題との時代背景の違いから生じる「自由が逆に個人の問題を放置する理由になってしまっている」という学生の指摘に応えるためには，「個」と不可分の関係にある社会規範との関係を時代背景と共に考える授業展開が必要である。

4．今後の課題

今回の授業実践では，主題学習に重点をおいたため，あえて戦時下をはずした授業展開となり，「時代の連続性」という奥むめおの活動を教材化する際の重要な観点に言及しえなかった。奥の戦時下での活動を戦争協力ととらえるか，あるいは働く女性の「保護」と「福祉」ととらえ，戦前，戦後との連続性の観点からその活動を評価するかについて，学生が考察することを目的とした通史的な学習は，今後の重要な課題である。また，20世紀をほぼ生きぬき，あくまでも私的領域の「当事者」として女性の立場から活動を展開した奥の活動を学ぶためには，男性権力者中心の歴史像とは異なる歴史の読み方とらえ方が求められる。表面的な事象の背後に潜むジェンダー的な見解が，歴史の動きに大きく作用していることをとらえられる複眼的視点を育む大学での歴史教育のあり方も今後の大きな課題であると考える。

【参考文献】

阿久恒久・成田龍一「婦人運動の展開」鹿野政直・由井正臣編『近代日本の統合と抵抗3』日本評論社，1981年，pp. 221-264。

奥むめお『野火あかあかと』ドメス出版，1991年。

奥むめお「婦人と社会的関心」『婦人運動』1931年2月。

奥むめお『花ある職場へ』文明社，1941年。

上村千賀子・齋藤慶子・渋谷晴子「資料解題　奥むめおコレクション—暮らしに根づいた女性運動の軌跡」『国立女性教育会館研究ジャーナル』(12)，2008年，pp. 38-40。

齋藤慶子『「女教員」と「母性」—近代日本における〈職業と家庭の両立〉問題—』六花出版，2014年。

第7章

戦争での女性の役割とは何か
──女学校生の学徒勤労動員──

熊本　秀子

1. 本授業開始のきっかけ

　本章で報告する実践は，中学校2年生を対象にした平和学習で，本校の前身の旧制乃木高等女学校時代の生徒が経験した学徒勤労動員を中心とした授業である。この授業の中心となる教材は，学徒勤労動員の実態を卒業生がまとめた記録冊子『戦争と湘南白百合学園の生徒たち―旧乃木高等女学校のころ―』（以下，冊子）と，そこに寄稿したり編集に携わった卒業生による講演である。

　そもそもこの冊子ができたきっかけは，神奈川県高等学校教科研究会社会科部会歴史分科会日本史研究推進委員会の笹谷幸司氏らのグループが第二次世界大戦下の県下の学徒勤労動員の実態調査を目指して1995年度から始めた，旧制中学校・女学校を前身にもつ県下の学校に依頼したアンケート調査を受けたことである。筆者は同窓会である湘南白百合タブリエ会から学徒勤労動員を経験した該当学年の同窓会幹事を紹介され，その方々を中心に回答をしていただいた。その後その卒業生たちのなかから，「自分が動員された工場でのことは知っているが，隣の組や他の学年は一体どこに動員されどういうことをしたのか，まったく知らされていない。自分の学校の，自分達が強いられた学徒勤労動員の全貌をきちんと知りたい」という声が上がり，筆者も加わり本校の卒業生有志が独自の調査をすることになった。旧制女学校第1回から第8回までの卒業生85人からの回答が寄せられ動員時に引率した教員1名からの聞き取り

74　第2部　女性と歴史

も行われた。冊子はこの結果をB5判109頁にまとめたもので，1999年11月に完成した。

　このように戦後50年目にあたる1995年頃は，あちらこちらで風化していく第二次世界大戦の記憶を記録しておこうという機運が盛り上がっていた。この動きのなかで学校の所在地である藤沢市でも，市内の体験者からの聞き取り調査や，戦争遺跡の取材をして「藤沢にも戦争があった」という藤沢ケーブルテレビ（現ジェイコム湘南）のテレビ番組を制作した。その制作にあたって，本校も2件の取材を受けていた。ひとつは，現在の中高の校地のなかの小高い山の部分にあったという砲台の跡地についての取材である。それは戦争末期にアメリカ軍が相模湾から上陸して化学兵器を使用しながら北上し首都を攻略するという「コロネット作戦」に備えて，相模湾からあらわれると想定された敵艦に向かって撃つように造られていたという。現在は斜面に2メートル四方位の平らな部分が残るのみである。もうひとつは，当時の女学校の校舎（現小学校校舎）に連合軍の上陸に備えて片瀬におかれた陸軍の「護東部隊」（これは本土決戦に備えて1945年2月に編成された，沿岸警備を担う16師団のひとつで「東京を護る」ためなので護東部隊）の司令部がおかれたことについてであった。この番組のなかには本校卒業生3名も登場していた。藤沢市からはこの番組を録画したビデオが本校に寄贈された。

　こうした偶然のいくつかの出会いのなかで，筆者は大きな空襲等もなかった藤沢市片瀬の地も本校も戦争に大きな関わりを持っていたのだと知り，生徒が戦争をより身近に感じられる教材となるのではないかと考えた。そして1999年度から，中学2年の社会科歴史的分野で，冊子の読後に卒業生の2時間の講演を組み合わせた主題学習を始めた。2002年度からは，中学2年の総合的な学習の時間（以下，総合）で年間3つ扱うテーマの2番目のテーマ「平和について考える」として発展させ，1学期末から2学期にかけて実施してきた。この授業は現在も続いているが，本報告は筆者が担当した2011年度までの実践をもとにしている。

2．冊子の内容

　京浜工業地帯を擁する神奈川県では多くの工場が軍需工場になり，県内・県外の旧制中等教育学校の生徒が勤労学徒として動員された。戦後50年を機に，いくつかの学校の卒業生で，あるいは工場単位で学徒勤労動員の記録集が刊行されたが，それらは一人ひとりが当時を思い出して書いた感想文的な部分に多くのページを割いていたものが多い。

　本校の冊子の特徴は，「やがて私たちは，学校に行って直接生徒に話せなくなる。しかしそうなっても，今しっかりした事実の記録を残し，後輩に戦争の悲惨さを伝えておきたい」という卒業生の熱い思いを込めて，「後輩である在校生の『教材』となるような本」として作られたことであった。編集にあたった卒業生は当時すでに70歳前後であったにもかかわらず極めて精力的に編集作業にあたっておられた。本学園の卒業生でもある筆者は，社会科の教員としてこの企画・編集に加わり，教材として必要な客観的な要素を盛り込むよう，また授業で教師に導かれずに生徒がひとりで単に読物として読んでも本校の動員の実像が浮かび上がるよう助力した。

　主な内容は，以下のようなものである。当時と現在の学制の違い，学徒勤労動員の時代背景，学徒勤労動員の定義と関係法令，各学年が派遣された工場の位置の地図（現在の鉄道の路線図を描いた学校周辺の地図に落とし込んで在校生が理解しやすくした），当時の勤労動員の作業の実態（各学年ごとの動員先の工場名・就労時間・従事した仕事の内容とできた製品の用途・賃金・動員中の事故／病気・同じ工場に動員された他の学校名等の一覧表），学年順に一人ひとりの詳細な作業内容についての文章や工場の地図，当時をふりかえっての所感や伝えたいメッセージ，千人針・召集令状・軍事教練など後輩に伝えたい当時の世相を物語るエピソード，各学年の中心になって編集に携わったメンバーの編集後記，である。また「50年後に記憶をたどって書いたもの」だけでなく，アンケートの回答と同時に寄せられた，当時の生徒が書き教員も日々言葉を添えたやり取りが残る班の作業

76　第2部　女性と歴史

日誌や当時の生徒の個人の日記といった貴重な一次史料も収録できた。

3．本校の学徒勤労動員の歴史を踏まえた授業実践

(1) 学習の目的

　この学習の目的は，①「聞き取り調査」を経験する，②調べたこと・感じたことを効果的な文章にまとめたり，聞き手にわかりやすく発表する，③第二次世界大戦の戦時下の日本では一般市民がどういう生活に追い込まれたのかを知る，④「戦争」や「平和」について考えを深める，の4つである。

　①②は総合としての目的である。本授業では書籍等での調べ学習の次の段階として「人から聞く」という調査方法を体験し，その成果をある程度長い文章でまとめたり，口頭発表したりする経験を積ませるものである。③④は社会科歴史的分野の学習としての目的である。歴史の時間に学ぶ「戦争」は，どんな政治・経済的なことが原因でおこり，だれが指揮して，戦場はどこか，どんな兵器を使用し，その結果どこの領地を得たか，賠償金はどれだけか，戦後は何がどう変わったか，などの内容が中心である。それらの事実のかげには，勝者の側にも敗者の側にも，戦場には出ていかない人びと—たとえば女性や子供・高齢者—がいて，それらの人びとの生活自体も「戦争状態」になっていく。その「戦争状態」の実相を体験者の話から見出してほしい，という思いである。女子校である本校の生徒たちは，戦争になっても自分が兵役に駆り出されることは想定していない。しかし，「銃後」の一般市民の生活にこそ，戦争の悲惨さ・恐ろしさがあらわれるのではないか。戦場には行かないが兵士を送り出す妻や母になり得る女性の立場から戦争というものを見つめてほしいと思い，聞き取り調査を中心として過去の事実を検証させる。

(2) テーマ全体の指導計画

　対象の中学校2年生は毎年1クラス45人前後で4クラス，全員女子である。次ページの別表に指導の概要を記した。表中の使用教材は，以下の通りである。

第 7 章　戦争での女性の役割とは何か　77

ア）プリント「夏休み課題　博物館　資料館リスト」
イ）プリント「第二次世界大戦中の出来事を理解するためのキーワード」（『学徒
　　勤労動員の記録　戦争の中の少年・少女たち』神奈川の学徒勤労動員を記録す
　　る会編，1999 年，pp. 274-281 より抜粋）
ウ）教科書『新編　新しい社会　歴史』（東京書籍）pp. 182-202
エ）資料集『グラフィックワイド歴史』（東京法令出版）pp. 139-150
オ）教材冊子『戦争と湘南白百合学園の生徒たち―旧乃木高等女学校のころ―』
　　湘南白百合学園の学徒動員を記録する会編，1999 年，湘南白百合タブリエ会
カ）地図「神奈川県の学徒勤労動員　昭和 19 ～ 20 年を中心として」（『神奈川県
　　の学徒勤労動員』笹谷幸司，1996 年，pp. 5-6）
キ）ビデオ『映像でつづる昭和の記録 8』（NHK サービス センター，1988 年）
ク）ビデオ『戦時下の藤沢～藤沢にも戦争があった！　2』（藤沢市・藤沢ケーブ
　　ルテレビ制作「チャンネルふじさわ 20」1996 年 8 月放映の番組を録画したも
　　の）

(3) 学徒勤労動員に関する学習の詳細

　社会科の時間を利用する聞き取り調査の発表会と並行して，週 1 回ある 4 ク
ラス合同の総合の時間を利用して，テーマ全体の指導計画の第 3 回～第 5 回に
あたる授業をする。重要と思われるポイントを詳述する。

① 第 4 回

　学習内容 3 のポイントでは教材クのビデオに出演し次週講演会に来校する，
卒業生の大高節子氏の次の言葉に着目させる。「（戦後焼け野原の宮城前のあたり，
日本人はトタン屋根の掘っ建て小屋で食べる物も着る物もなく暮らしている）その傍らを
血色のいいアメリカ軍が行進してる。あの時くらいみじめな思いをしたことは
ない。しかし，ふと思ったの。日本の軍隊もかつてああやって中国？どっかを
行進したことあったんじゃないかしらと。私はそれを見て，みじめさに涙をぽ
ろぽろ出しながら，どっかの少女もこうやって泣いていたに違いないと思った
の，その時。その時にハッと自分の国の外，歴史の外が見えてきたような気が
して……」この言葉を聞いてどう思うかを生徒に問う。

② 第 5 回

　2 時間続きで行い，お二人の話のあと質疑応答をする。

78　第2部　女性と歴史

表7-1　中学2年　総合的な学習の時間「テーマ2　平和について考える」の指導計画

授業	学習内容	指導上の留意点等	教材
第1回6月	1　テーマ2「平和について考える」の設定の理由・目的・学習の手順について説明 2　夏休みの課題「第二次世界大戦中の出来事」についての聞き取り調査の方法を説明	・これからの学習の目当てを明らかにする ・聞き取り調査をする戦争経験者がいない場合の，平和資料館や書籍で調査する等の代替方法についても説明 ・戦時中の歴史用語については用語集を配布	ア イ
第2回6月	・第二次世界大戦の時代背景について説明 ①世界恐慌　②日本の中国侵略 ③日中戦争と第二次世界大戦	・歴史的分野の授業では，まだ第二次世界大戦のところまで通史の学習が終わっていないので，戦争に至る過程の概要を説明	ウ エ
夏休み	・祖父母等，体験者に聞き取り調査 （対象者がいない場合は資料館や書籍で代替）	・軍事的なことではなく，当時の市民生活を聞き取りの中心にする	
9〜10月	1　組ごとに聞き取り調査の発表会をする 2　聞き手は，発表要旨を一覧表に，話し方と内容についてを相互評価表に記入	・1人5分程度・口頭で原稿を読み上げる形式 ・相互評価表に，話し方は3段階評価，内容については自由記述で1行程度のコメントを記入	
第3回10月	1　本校の学徒勤労動員の記録集を配布，だれが何のためにつくったのか，目的を説明 2　「学徒勤労動員」の概要について，いつ・どこで・だれが・何のためにしたのか，を説明 3　湘南白百合学園での学徒勤労動員について，どこで，どんなことを，どのようにしたか，期間・工場名・作業時間と内容・けがや傷病・他校の動員など冊子を用いながら説明 （通年動員前や学校工場も含む）	・記録冊子の内容構成について，一緒に見ながら要点を説明，2週間後の講演会までに，記録冊子を読んでおくことを宿題とする（後日感想文に） ・当時の中等教育学校2年生以上が通年動員されていったことを説明 ・当時の学制や本校が旧制の乃木高等女学校だったこと，校地の場所が現在の本学園の小学校のところだったこと等を最初に説明	オ
第4回10月	1　神奈川県の学徒勤労動員の状況について，どんなところにどんな工場があり，本校や他校がどこに配置されたか等を考える 2　映像資料で，当時の学徒勤労動員の様子を知る 3　学校がある片瀬の町と戦争とのかかわり，湘南白百合学園と戦争とのかかわりを知る	・動員が行われた県下の工場と動員された学校名の入った地図，冊子の該当箇所を利用 ・女学生が工員や鉄道員として働いている映像，やがて国民学校高等科の生徒まで動員された様子を見る ・相模湾に面した地にある片瀬の町に，陸軍の護東部隊が駐留していたことも説明	カ キ ク
第5回10月	「第二次世界大戦中の学徒勤労動員について・平和について，卒業生の方にお話を伺う会」 　卒業生二人の講演を聞く・メモを取る	・事後，質疑応答をする	
第6回10月	学習の全プロセスについて感想文にまとめる	・時間がなければ宿題とする	

4回生・芝実生子氏の話の主な内容―東京螺子製作所で，小さな体で大きな機械の間を飛び移るように移動しながら，旋盤などの仕事していた・手が冷たい機械油でまみれていて寒かった・男子の工員さんも一緒にいた・真っ黒い油で煮しめたようなイルカの肉やドングリのパンが支給されてうれしかった・「乃木高女の生徒らしくきれいに死にましょうね」と友人と語り合っていた・知らない間に「戦争向きの人間」に「軍国少女」に作り替えられた

3回生・大高節子氏の話の主な内容―爆弾の部品である信管をつくっていた・人殺しの道具をつくっていたのだから私も戦争の加害者でもある・自分の組が行った工場の事だけしか知らず，他の組や他の学年がどんなことをしていたかまったく知らなかった・ずーっと学校へいかず工場で働いて，卒業式の時だけ学校に戻った・父は軍艦の艦長で撃沈され今も船と共に海底に沈んでいる・進駐軍が厚木からトラックに乗って移動する日，「女子は家の中に入っていろ・出てきてはいけない」と言われたが雨戸の隙間から覗いたトラックの荷台に乗っていたアメリカの兵隊は，自分と同じような若者でおびえた目をして回りを窺っていた・当時は学校へ行かれず勉強できなかったが，戦争が終わってからどうしてこういうことになってしまったのか，歴史やその他のことを一生懸命勉強して理由を知ろうとしたり平和について考えてきた・戦争の原因になるのは愛がないから，他者に無関心だから・平和の反対は無関心

③ まとめの方法

B5判の用紙1枚に，① 冊子を読んで，わかったこと・印象深かったこと・感想など，②「聞き取り調査」から，わかったこと・考えたこと，③ 卒業生の方のお話を伺って，考えたこと，④ テーマ2の学習を通して「平和について考えたこと」，の4項目について，各項目大体8〜10行位の文章を書き，それをクラスごとの「感想文集」にする。表紙は生徒が戦争や平和をイメージしたイラストで飾る。

写真7-1　授業の様子

① 同窓会と作成した教材冊子

② 卒業生の講演会の様子

③ まとめの感想文集

(4) 学習の成果
① 夏休みの聞き取り調査とその発表会

　時間はかかるが，この学習効果は非常に大きいと感じる。その理由は体験者の「感情」がこめられて語られているので，事実だけを教科書の文字から学ぶより生徒の心に残るからである。普段は明るい祖父母が暗い顔をしてあるいは泣きながら話してくれたり，逆に「話せない」といって話してくれなかったりしたというケース，この宿題が出なかったら祖父母とこんな話はしなかっただろうという言葉も感想文集に多い。親しい者が真剣に目の前で語る戦争の恐ろしさつらさは一段と緊迫感を持って生徒たちにとらえられていた。また一方，同じ戦時中でも多様な市民生活があったという事実にも出会える。発表のなかには，戦時中立場によっては食料が潤沢にあったりまったく敵機が飛来せず怖い思いはそれほどしなかったという地域の体験談もあって，その意外性に生徒は驚いたりするが，「同じ時代だからといって同じ地域の人が全員同じ体験をしているわけではない」という歴史をみる時の大事な視点についても最後に指摘する。

　さらに聞き取り調査の問題点も露わになる。終戦の年等について明らかに史実と違う話が飛び出すこともある。幼くて記憶があいまいだったり，体験した

第7章　戦争での女性の役割とは何か　81

当時から事実を誤認していたり，後日の伝聞などが混ざってしまうからだ。これも歴史をみる際の大事な視点として，「聞き取り調査だけで史実だと考えては危険なので必ず複数の証拠と突き合わせて考えること」という注意をする。

② 卒業生の講演会

感想文集より，次のような視点のものが見てとれる。

ア）具体的な体験談で戦争の実像を具体的に感じることができたもの＝学徒勤労動員での工場の油のにおい，作業の様子などとても細かく書かれていて，それだけ強烈なものだったのだ，と感じました。

イ）同じ通学路を通り，同じような制服を着て，同じ校地で，同じ年齢のころに同じ学校で学んだ人という親近感を持って，他の体験談より身近なものとしてとらえられたもの＝お二人は，今私の住んでいるところの近くで戦争を体験しています。白百合の校舎は学ぶところではなく，軍需工場になっていたと聞いて，全国の校舎はそうだったとは知っていても，やっぱりびっくりしてしまいました。（中略）「セーラー服を着て，タブリエ（本校の伝統の制服の上に着る上っぱり）を着て，教科書を開いて勉強をして，お盆の上のお弁当を食べて，松林で走り回ったのは，とろけるように甘い思い出だった」とおっしゃっていたのが一番心に残りました。

ウ）戦争は一般市民の生活をこそ変えてしまうものであるとわかったもの＝戦争というのは，軍隊の人たちだけがやるものではなく，そのために庶民の生活も大きく変わってしまいました。

エ）戦争は人びとの考え方を変えてしまうという点を感じられたもの＝私が一番恐ろしいと思ったことは，完璧な軍国少女に育てられていたことです。それもその当時は強制ではなく，自ら選んだ道のように思っていたのです。

オ）講演者の平和についての深い考えを感じとれたもの＝「私達は被害者であると同時に加害者だった」という視点を感じられたもの＝自分たちのしてきたことは，暴力と侵略行為に加担していたのに他ならないとわかった時，どれほど悔しく悲しかったことかと私は思いました。（中略）自分が

82　第2部　女性と歴史

死ぬより，人を自分が殺すのがこわかった，と聞いたとき，芝さんはやさ
しいと思いました。（中略）平和について私が得たことは，「平和とはそん
なにたやすく手に入らない」，ということだ。

　このお二人の話は，ただの体験を語るだけではなく，戦後も自分たちがおか
れていた状況は何だったのだろうかという疑問を持ち，「平和」というものを
ずっと考え続けてきた思慮深さに溢れている。特に，被害者としてだけでなく，
立場を変えてみれば加害者としての側面があることに言及したり，戦争になっ
ていくのはある日突然ではなく，だんだんと戦争に向けての仕組みがひとつず
つ知らないうちにできあがっていくこと，戦争状態は情報や言論が統制された
りすることから始まる，教育は戦争に向かうときも平和の構築にとっても重要
な働きをするという趣旨の話は，「平和」に対する生徒の思考を深めてくれ，
毎年生徒や同席する学年の教師の心を打つものである。

4．卒業生のアンケート

　感想文集をみる限り，学習直後には生徒たちは教授者のねらいどおりのもの
を感じ取ってくれたと筆者は評価している。しかし，時間が経ったあとでの定
着度合いはどんなものか。平和学習は，学習者が大人になった時に，平和に貢
献する，あるいは戦争を回避する当事者として行動して初めて，学習成果が出
たと言えるだろう。その点を検証したいと考え，今回連絡のつく卒業生41人
に以下のような簡単なアンケートを取った。

Q1　この学習は記憶に残っていますか。
　　　ア）とても残っている　イ）やや残っている　ウ）ほとんど記憶にない
Q2　Q1でア・イとご回答下さった方，どんなことが印象に残っていますか？
　　　あるいは，あなたの人生で役に立ったり影響を与えた点がありますか？
　　　もしあったら，お答え下さい。

回答者の内訳は，高校卒業1年目11人，2年目8人，4年目7人，5年目4人，6年目3人，7年目4人，8年目1人，9年目2人，10年目1人，である。Q1の回答は，ア＝18人，イ＝17人，ウ＝3人，無回答＝3人であった。Q2の記載があったなかで，主だった内容のものとして以下をあげる。

　a　卒業生の方の体験記の記された冊子は，中学生ながらページをめくる手が止まらないくらいに読み入ったのを覚えています。直接伺ったお話も，当時の自分にとっては非常に衝撃的で，記憶に残っています。(卒業後2年目大学生)

　b　私の身近には戦争経験者がいなかったため，学校で卒業生の方のお話が伺えたのは本当に良い機会でした。本当のお話を経験されたご本人から伺うことで，それまでぼんやりしていた戦争のイメージが明確になり，戦争はいけないことだと，心から思うようになりました。経験者も少なくなっているなか，このような機会をいただけたのは本当に良かったと思っています。(同2年目大学生)

　c　冊子については当時強く衝撃を受けた記憶がある。戦争体験記については，高校卒業後も折に触れて学ぶ機会があるが，同じ学校出身の人の体験となると，ある種の身近さを感じ，自分に近い感覚でとらえることができた。「戦争」というとどうしても負のイメージが色濃く，また，学生という時期は「斜に構える」傾向があるように思う。そのなかで，記憶もしくは心に残す学習として，学生の実感に訴える「同じ立場の人の体験を知る」という学習方法は影響力が強いものであった，と今感じる。(同8年目公務員)

　d　今，仕事で戦争や平和について重きを置いて取材したい，お伝えしたいと考え日々取り組んでいるが，そのはじめのきっかけとなったのが，思い返

84　第2部　女性と歴史

せば中2の平和学習だったのではないかと思う。(同10年目アナウンサー)

　これらの回答をみると，卒業後もかなりインパクトをもって心に残っている者も多いと推測され，本実践は一定の効果があったと評価できよう。dのように平和に繋げる仕事のきっかけになってくれればこの上もない喜びである。

5．今後の課題

　生身の人間から熱い思いと共に体験談を語ってもらうという学びには，文字の記録から読み取るだけでは得られないものがある。それは平和学習など，学習者の心に訴えて行動を変化させる必要のある分野の学習に有効であろう。ただし正確性や教授者の意図する授業の方向性との整合性という点では，教授者と周到な打ち合わせを要する。日本の戦争体験者は高齢化が進み，本校の卒業生の講演会も現在は今まで録ったビデオで代替している。今後は，ビデオなどの記録を使用する他，湾岸戦争，イラク戦争など，外国の戦争で被害に遭った市民や帰還兵などにも教材化の対象を広げていく必要があるだろう。第二次世界大戦を教材とした平和学習に難しさを感じていた昨今であったが，東アジア情勢の急変をみるにつけ，平和学習を常に継続する必要性をひしひしと感じるところである。

参考文献

笹谷幸司『神奈川県の学徒勤労動員』神奈川の学徒勤労動員を記録する会，1996年。

神奈川の学徒勤労動員を記録する会編『学徒勤労動員の記録　戦争の中の少年・少女たち』高文研，1999年。

第 8 章

男女雇用機会均等法は
なぜ必要だったのか

國分　麻里

1．なぜ男女雇用機会均等法なのか

　以前，NHK で放送された TV プログラム「女たちの 10 年戦争―男女雇用
機会均等法の誕生―」(2000 年) をみる機会があった。この法律が制定された
1985 年は私が就職するわずか 4 年前のことである。当時，女性は結婚したら
退職するという誓約書の存在，30 歳定年制を定めている企業などがあり，そ
うした女性差別に対抗するための法律を婦人少年局長の赤松良子を中心に制定
することを描いたこの映像を見て，私は涙が止まらなかった。こうした女性た
ちの歴史の流れのなかに私の今の雇用環境があるのだとあらためて感謝すると
ともに，男女雇用機会均等法 (以下，均等法) の成立過程とそれを踏まえた現在
の賃労働を社会科で学ぶ必要性を強く感じた。

　同時に，社会科の教職を受講している大学 3・4 年生にこの内容は有効であ
ると考えた。以前，入学したばかりの 1 年生にこの VTR を見せたが，大学入
試で覚えた均等法の背景を初めて知ったという感想が多く，昔あった過去の出
来事として均等法成立をとらえる学生が多かった。しかし，3 年生にもなると
自身の進路と賃労働の問題を交差させるため，感想は異なってくる。社会科教
職を受講している学生のなかには教員か公務員，大学院進学を選択する学生が
いる一方で，一般企業への就職を望む学生も存在する。終身雇用制が崩れたと
言われている現在においても，学生にとって就職は一大事であることには変わ

86 第2部 女性と歴史

りがない。また，均等法が成立した30年前ほど露骨ではないものの，就職活動の際に女子学生が差別を感じることがあることも学生は見聞きしている。男女学生が自分の思い描く未来と，「働くということ」を身近な問題として重ね合わせることのできる内容であると考えた。

社会科教育のなかで均等法に焦点を当てたものとして，中学校公民的分野と高校現代社会の教科書の叙述分析をした喜多加実代（2011）の論文がある。喜多は，性別役割分担の意識が個々人の問題に解消され社会や法律の問題である点が弱いこと，女子保護規定のとらえ方に差があること，均等法の課題や入社後の間接差別について論じられていないことを教科書の問題点としてあげている。本研究はこうした喜多の研究に学びながら，女性の働き方・働かせ方を大きく変えた均等法の成立過程を学び，現在の賃労働を中心に自分のライフプランを考える授業を目的とした。

2．教材について

日本の戦後は高度経済成長をするなかで，男は外で仕事，女が家にいて家事や育児，介護を行うという性別役割分担が主流となった。それを表すのが，出産・子育てとの両立で仕事が継続できないという，いわゆる女性労働者のM字カーブである。加えて，一度失業すると非正規雇用にならざるを得ないことから，女性に非正規労働者が多く，現在の日本社会では非正規労働者の7割が女性である（総務省統計局，2013）。

均等法は世界的な女性の権利獲得の流れから生まれた。1960年代後半からのアメリカのウーマンリブ運動を背景に，国連は1967年に「女子差別撤廃宣言」を採択したが，各国への拘束力はなかった。その後，1975年を国際婦人年として，平等・開発・平和の3つを目標にしたキャンペーンを国連は開始し，同年にメキシコ市で第1回世界婦人会議を開催した。1979年12月18日には女子差別撤廃条約（「女子に対するあらゆる形態の差別の撤廃に関する条約」）が国連第34回総会で採択され，1981年に発効した。日本がこの条約に批准するには，

第8章　男女雇用機会均等法はなぜ必要だったのか　87

雇用の場での男女差別を禁止する国内法を整備しなければならなかった。均等法制定に尽力した労働省は敗戦後の占領改革の一環として設置されたものである。均等法が制定されるまでの日本では，賃労働の場で女性差別を禁止する法律がなかった。日本国憲法では「すべて国民は，法の下に平等であって，人種，信条，性別，社会的身分又は門地により（中略）差別されない」（第14条）と規定されている。しかし，憲法の規定は企業のつくる就業規則にまで直接効力を及ぼすものではないというのが当時の通説であった（赤松，2003, p.9）。そのため，赤松良子は「民法90条」の「公ノ秩序又ハ善良ノ風俗ニ反スル事項ヲ目的トスル法律行為ハ無効トス」を援用し，雇用の場での女性差別はおかしいことを訴えるしかなかった。こうして雇用の場で女性差別を禁止するための法律づくりが婦人少年局を中心に始まるのであるが，企業側と労働組合側の対立の焦点は，違反した企業への罰則規定を設けるか否か，女子保護規定を廃止するか否かという2点にあった。企業の経営者側は罰則規定への強い拒否感および男女平等の趣旨ならば生理休暇や深夜労働の禁止などの女子保護規定を廃止することを主張した。これに対し，労働組合側ではそれまでの権利であった女子保護規定の存続を掲げるとともに，違反した企業に罰則規定がないことへの強い不信感があった。結果として，企業への罰則規定は設けられず，女子保護規定も残る形で，均等法（当時の正式名称：雇用の分野における男女の均等な機会及び待遇の確保等女子労働者の福祉の増進に関する法律）は1985年5月17日に衆議院本会議で可決され法律が成立し，1986年4月に施行された。この法律により，募集・採用，配置・昇進の際は女性を男性と均等に扱う努力義務が課され，教育訓練，福利厚生，定年・解雇には女性であることを理由とした差別が禁じられたのである。違反した企業への罰則規定が見送られたことから，資本の抵抗と圧力により大きく後退した内容と評されたりもした（山本，1986）。しかし，こうした賃労働をめぐる改革は継続した。1991年には育児休業法により男性にも育児休業を認める法律が制定され，1997年には均等法の大幅な改正があった。そこでは努力義務であった女性の募集・採用，配置・昇進の差別が禁止さ

88　第2部　女性と歴史

れ，女性のみの募集・女性優遇の原則禁止，違反した企業名の公表という制裁措置，ポジティブ・アクション，セクシャル・ハラスメント防止のための必要な配慮なども定められた。また，労働基準法も一部改正され，女性労働者も深夜業務を行うことが可能となった。さらに均等法は2006年にも改正され，女性のみならず男性への差別も禁止し，マタニティハラスメントの禁止，総合職などコース別雇用での間接差別の禁止なども盛り込まれた。このように均等法は数度の改正を重ねて，雇用の場での男女差別の改善を促進してきた半面，「均等法が掲げた機会の平等は，男性型の働き方を選べない者を排除する『平等』だった」（堀ほか，2017）という批判があることも事実である。

　授業で用いた資料は次である。VTRは2つあり，ひとつは前述した均等法の成立過程を婦人少年局長の赤松と女性たちの活動を中心に描いたもの，もうひとつは均等法成立で総合職に採用された女性のその後の30年を追ったものである。この女性たちは現在も同じ会社に勤め，すでに就職した子どもをもつ母親だったり，結婚したけど子どもはいなかったりで，この間のキャリアを振り返るというものであった。プリント資料として，女性への労働差別に関する新聞記事，現在の均等法の主要内容を抜粋した資料，日本の自殺者数推移，過労死により自殺した男性の新聞記事などを使用した。

3．授業実践について

　授業実践は，2016年1月の水曜日1・2時間連続（75分×2）で，中等社会科・地理歴史科教育法Ⅱという社会科の教科教育法の授業で行った。学生は男子31名，女子は27名の合計58名であった。女子は，毎年の受講者数の3割程度であることを考えると2016年度は多い方である。授業目標は，(1)女性の賃労働について均等法の成立から学ぶということ，(2)自分のライフコースから働くことについて考えることの2点とした。授業の展開は，以下の通りである。

　授業展開は，大きく2つの内容で構成されている。ひとつ目は，自分のライフコースと女性が働くことの歴史を重ね合わせることであり（展開1），2つ目

第8章 男女雇用機会均等法はなぜ必要だったのか 89

は男性も含めて現在の働き方を考える内容である（展開2）。

展開1について，まず25歳，45歳になった時の自分の姿を実際に想像し，男女で構成された班内で自分が話せる範囲で情報を共有し，傾向を把握した。こちらで項目を提示したこともあり，多くの学生が仕事・結婚・家族・趣味などを軸にライフコースを組み立てたが，班活動では学生同士，考え方の異同を確認した。その後，女性の生き方に影響を与える出産や育児というライフイベントと労働の関係を学ぶことを授業前半に行うことを伝えた。

実際には，歴史的経緯として産業革命以前の農作業を中心とした外での労働とその後の賃金労働の発生，戦後日本の「男は外，女は内」という女性が内助の功として専業主婦となる性別役割分担が高度経済成長期に確立するまでの流れを説明した。炊事・清掃・育児・買い物など女性の家庭内労働の多くは無償労働であり，2011年の調査では専業主婦は年間304.1万円，兼業でも223.4万円のお金に換算される（『東京新聞』2013年9月18日付）。こうした社会風潮のなかで，女性の賃労働は雇用や賃金，定年などの条件面で男性と比べて著しい差別を受け，それを規制する法律もなかったとして均等法に関するVTR視聴に入った。VTR視聴後は感想文を書いた後，定年が男性より5歳短いことは不当と中本ミヨ氏が起こした1960年代の定年差別裁判の新聞記事（『朝日新聞』2015年8月22日付），均等法改正の内容を整理した柏市HPの記事などをかいつまんで説明した。

展開2は，こうした女性の雇用変化を踏まえて男性も仕事の悩みによる自殺者が多いこと，過労死が社会問題となっている現状を資料から述べ，性別に関係なくどのような働き方・社会を構想すべきなのかという問いを学生に投げかけた。個人で考えた後に班で意見を共有し，最後にまとめを述べて終了した。

4．授業に関する学生の認識

以下，授業目標であった2点について，授業後の感想文から学生の認識を探ってみたい。（ ）内の男女は，感想を書いた学生の性別を示す。

90　第2部　女性と歴史

◇授業の展開

	学習内容および方法	形態	資料
導入	(1)自分のライフコースを考えよう •25歳，45歳の時の自分の姿を具体的に書く 　仕事・家庭・年収・趣味など •話せる範囲で班内で共有，傾向を発表 　未婚率，初婚年齢の変遷を確認	個人 班 全体	プリント
展開1	女性の結婚・出産と仕事について考えよう (2)女性が社会で働くことの歴史 •近代以前の女性の労働―農作業が主 •産業革命前後での賃金労働者の発生 　1920年代：既婚者による専門職 　1930年代：エレベーターガール，バスガール，事務職 　1940年代：女子挺身隊，国防婦人会など •戦後の労働基準法で女性保護規定の内容が入る •1960年代以後：高度経済成長での性別役割分担の固定化 　　男は外，女は家庭で無償労働を行う役割 　　労働環境での女性への差別 (3)男女雇用機会均等法の成立（1985年） •法律が成立するまでの過程，均等法第一世代の女性の現在の姿に関するVTRを視聴。感想書き。 •当時の様子，現在までの男女雇用機会均等法の内容変遷について資料から確認する。	個人	VTR 感想文 新聞記事 資料
展開2	(4)賃労働が大変なのは女性だけか。 •資料から男性の自殺者要因の主なひとつが仕事であること，仕事に対する過労死が多いことを確認する。 どのような働き方・社会を構想するのか，考えよう •班で，自分の考えを話し，他の人の考えを聞く	個人 班	統計資料 新聞記事
まとめ	•性別や出産時の雇用，働き方の問題を今後も考えていくことを確認する。	全体	感想文

(1) 均等法を中心とした女性の賃労働に対する理解

　均等法と女性労働に関する内容は，VTR の感想に多く見られた。均等法以前の女性の労働環境の劣悪さが想像以上であったこと，企業側や労働組合側の対立関係，均等法成立の意義に触れたものもが多かった。この他，以下の3点を指摘したい。

　1点目として，今もなお雇用の場において女性差別があることへの不満を書いたものである。「就職活動をしている。表面的には男女に採用の差はないとしても，内部では女性は総合職でも営業には配置されないという完全平等ではない部分もあり，非常に悲しいことである（女）」，「均等法で条件上の差別は減少したものの，表面化しづらい所での差別も未だあるのではないかとニュースをみる限り思う。女子はスカートで行くと内定が出るとか，メイクを気にするとか（女）」，「（自分のアルバイト先で）業務内容は男女の差がさほど出るものではないのだが，女性は極めて少ない。……いくら法が整備されても事実差別は残っている（男）」。このように，採用の場や職場での配置での差別，依然として女性が少ないなど，学生自身も未だに雇用の場に女性差別があることを見聞き，経験していた。

　2点目に，当事者の女性が法律をつくる主体となったことに着目した感想も見られた。「女性が声を上げることで解決の鍵になったのだと思う。男性に任せていたら無理だった（男）」，「均等法制定には女性が主導となってきたことを初めて知った。差別を受けてきた当事者から差別撤廃を求めることは当然のことだが，今までは当事者ではなく周囲によって決められたことが多かったのかということを改めて考えさせられた（女）」，「赤松さんのような女性がいたから，今の男女平等に関わる法律があるのだとあらためて感じた。周りの女性たちの支えがあったからこそ実現したものだと思う（男）」というものである。

　3点目に，社会科の教職という側面から，賃労働を考えるための教材としてVTR の有効性を指摘した学生もいた。「女性の社会進出を考える上で最も必要なものは女性の心情に迫った描写である。そういう意味で，教材として非常に

92　第2部　女性と歴史

有効であると思った（男）」，「中高だとジェンダーに関してあまり考える機会がない（なかった）ので，授業の資料にも使えそうな映像だと思った（男）」などである。また「女性はお茶くみ，雑用の時代は伝聞で聞いたことしかなく，いまいち想像することが出来ません。30歳定年制や奴隷の様な扱いであったことは驚きですし，いかにも前時代的であるなと思いました（男）」という感想もあり，女性差別の実態をリアルにみることができるという側面でも，今回のVTR教材が有効であることを示した。

(2) 自分のライフコースと「働くこと」を当事者として重ね合わせて考える

　自分のライフコースとの関係については，学生の感想文より次の3点を指摘できる。

　1点目として，特に女子学生に自分の母親の状況と重ね合わせて将来の自分を考える感想が多かったことである。「家庭も子供も持ちたい。……私の経験上，母（教師）がそれをできたのはその育児をおおよそ祖父母が担ってきたからで，少なくとも一世帯だけでは無理なのではないかと薄々思っている（女）」，「働く女性の難しさ，厳しさを感じました。一方で働かないことを選択した女性についても少し考えました。私の母は専業主婦だったので，そのような声を周りで聞くと引け目や社会から取り残されているような感覚でいたようです（女）」，「母が自主的に『ジェンダー』勉強会などで活躍（動）する人間であったため，幼少期から『男女平等』を刷り込まれて育っており，家庭内で『女だから』と言われたことは全くなく，社会もそういうものだと思ってきた。しかし，高校・大学・就活となるにつれて，まだまだ必ずしも平等ではないことが山ほどあるということを痛感している（女）」，「女性にとっても社会に出て働くことが重要とされる社会になったことを痛感させられるような授業だった。それでも私は家庭を一番に考えるお母さんになりたいと思う。仕事より子育て，家庭の面から家族を支える存在になりたい。……私の考え方は私の母の生き方や考え方の影響を受けているようにも感じた（女）」などである。こうした女

第8章　男女雇用機会均等法はなぜ必要だったのか　93

子学生に対して，男子学生のなかで自分の母親のことを感想で書いた学生はひとりもいなかったことは対照的であった。

　2点目は，女性差別の現状を肯定したり，強く主張する女性を嫌悪したりする，男子学生に幾つか見られた意見である。「女性たちを差別する男性もすべてが悪いとは言えないと思った。経済のみならず，この国は男性が中心となって国としてのあゆみを続けてきた歴史があり，それはひとつの日本の重要な文化であると言える（男）」と，日本文化として男性優位社会を肯定した。また，「そもそも身体的・精神的な差異があるので，男女を全く同じように考える事ができるのでしょうか？　どちらかが不公平であり，それを是正するように直せば反対側に不公平が生じることもあります。『差別』ではなく『区別』はある程度必要であると思いますし，それは法律や条例など大きなくくりではなく，一人ひとりケース・スタディ的に考える必要があると思います（男）」というように，女性を「区別」することは「差別」でないことを主張するものもあった。さらに，均等法をめぐって議論をかわす赤松や総評の山野和子婦人局長に対して「良くも悪くもクセが強い……個人的にすごく苦手（男）」と評し，権利を強く主張する女性に嫌悪感を示すものもあった。こうした男性の意識の背景を説明した男子学生もいた。「男性にとっては，女性が社会進出してくれば自分ら男性の肩身が狭くなるという思いも強いのではないか（家事などをやりながら自分らと同じくバリバリ働くキャリアウーマンなど特に）。男女不平等とはそういった優越感，劣等感によって生まれている側面も多少はあると思う（男）」。

　3点目は，男女の枠を超えて日本社会を考えようとするものである。「現代においてジェンダーの問題は大きく取り上げられている。……LGBTが認められない現実には今日やったような事とかかわりがあるのではないかと思う。働くということにおいてもこれだけ年月を要したことを考えると，LGBTが認められるようになるまできっとたくさんの年月を要するのかもしれない。……今の社会において男女の垣根なんて必要ないと思う（男）」。賃労働の問題だけでなく，日本社会がもつ男女の性別役割や固定化されたセクシャリティを超えて，

94　第2部　女性と歴史

多様な人が認められる社会になることを願う意見であった。

5．授業の成果と課題

　雇用の場での女性差別に重きを置いた授業実践であったが，思いのほか男子学生も自分のライフコースと重ねて考えたことが印象的であった。男女の学生とも，均等法以前には女性差別が平然と行われていたということを知らなかったという驚きとともに，進路を考える時期と重なったこともあり内容への関心の高さが見られた。また，VTRなどの教材により，当時の女性差別と均等法が成立した過程とその意義がよく理解されていたことが感想文から読み取れた。

　しかし，本授業の課題も2点指摘したい。1点目は，出産・育児への女子学生の多様な意識を上手く反映できなかったという点である。男女問わず学生のなかには将来結婚はしない，未婚と書いた者も6名程度おり，女性だから結婚や出産，育児が当然と考える授業展開に多少強引さがあったことは否めない。生涯未婚率や待機児童問題と連動させてM字曲線を示すことなど，現在の女性の多様な生き方や選択肢を提示しながら雇用に関する状況を示すことが必要であろう。2点目は，今回の学習を踏まえて学生の進路に合わせた仕事を扱う必要があるという点である。前述したように，社会科の教職を履修している学生の希望進路は，教員か公務員，大学院進学が多い。教員や公務員といった職種は，給与や産休・育休などの条件面では男女の性差が比較的少ない職業である。しかし，男女平等で働いていると思われがちな教員間でも学校内では性差による役割分担があることが指摘されている（高島，2014）。また，授業のまとめのところで社会科教員に女性が少ない話を他教科と比較しながら話したところ，それに関する感想を述べた学生も少なくなかった。教員や公務員の雇用環境でのジェンダーに関わる授業開発も今後の課題である。

【参考文献】

赤松良子『均等法をつくる』勁草書房，2003年。

第 8 章　男女雇用機会均等法はなぜ必要だったのか　95

「『男性並み』働き方なお壁」『朝日新聞』2015 年 10 月 3 日付。

「定年差別裁判」サザエさんを探して『朝日新聞 be』2015 年 8 月 22 日付。

柏市インターネット男女共同参画推進センター
　　http://danjo.city.kashiwa.lg.jp/gakushuu/gender_terms/kin（2015 年 12 月 18 日ア
　　クセス）

喜多加実代（2011）「公民科とジェンダー教育―中学校・公民的分野と高校・現代
　　社会における男女雇用機会均等法の学習を中心に―」『教育実践研究』(19)，福
　　岡教育大学教育学部附属教育実践総合センター，2011 年。

「けいざい深話　過労死と闘う③」『朝日新聞』2015 年 12 月 18 日付。

総務省統計局 2013 年 2 月 19 日「非正規の約 7 割は女性が占める」www.stst.go.jp/
　　data/roudou/pdf/point16.pdf（2017 年 8 月 8 日アクセス）。

高島裕美「教員の職場における『ジェンダー・バイアス』―女性教員の職務配置の
　　あり方に着目して―」『現代社会学研究』第 27 巻，2014 年。

内閣府自殺対策推進室「警察庁の自殺統計に基づく自殺者数の推移等」2015 年 12
　　月 17 日付。

堀あきこ・関めぐみ・荒木菜穂「男女雇用機会均等法が取りこぼした『平等』を問
　　い直す―大阪の女性労働運動に着目して―」『女性学研究』24 号，大阪府立大学
　　女性学研究センター，2017 年。

「専業主婦の家事・育児は 304 万円」『東京新聞』2013 年 9 月 18 日付。

山本真一「女子労働者と男女雇用機会均等法」『島根大学教育学部紀要（人文・社
　　会科学)』第 20 巻，1986 年。

96　第2部　女性と歴史

column 2 | 社会科教科書におけるジェンダー
〜それは社会の反映？　どちらが先なのか……〜

●梅田比奈子

　かつて，小学校3年生の社会科の暮らしの移り変わりの挿絵が話題になったことがあった。現在の生活の様子で，料理をしているのは女性，仕事をしているのは男性といった絵があったからだったと思う。それから，何度もの改訂を経て，現在の教科書はどうなっているのだろうか。

　今回，小学校社会科の教科書4社の写真と囲みで示されている人物の話のなかで，男女比がどうなっているのかを分析してみた。写真については，全体が写っているものや子どもたちの活動の様子が写っているもの，巻頭に使われているものなどもあるが，人物が特定され，授業のなかで活用される頻度が高いだろうと思われる写真のみを数えてみた。農事暦などで細かく示されているものや子どもたちがインタビューしている様子などは枚数から省いている。つまり，写真の選択に関しては，明確に観点を絞って選択しているわけではない。また，囲みで示されている話は，教科書のなかで「〇〇さんのお話」として独立して記載されているものとインタビューに答えるなど，語っている個人が特定されるものをカウントした。そのなかから，見えてきたことがある。

　今回，改めて4社の教科書を分析してみると，さまざまな面で男女の役割を固定化させないように意識されていることが分かった。たとえば，スーパーで食品を買っているのが男性だったり，家族での外出で赤ちゃんを抱いているのが父親だったりする写真が掲載されている。また，男性が洗濯板を使っていたり，食器を洗っていたりする写真もある。囲みの話にしても，あえて「〇〇さんの話」としないで，「市役所の人の話」などとし，男女の区別が分からないようにしているものもあった。歴史の学習では，富岡製糸場の説明のなかに，工女が技術を学び各地に伝えていったことが記されていたり，女性参政権，女性初の国会議員などについて，大きく取り上げられたりしている記述もある。

　しかし，一方で，その数になると，どの教科書もまだまだ男性優位である。実際に，写真・話の両方とも，明らかに男性が多く掲載されている。女性については，たとえばスーパーの人，アナウンサー，新聞記者，海外協力隊，

コラム2　社会科教科書におけるジェンダー　97

　自動車の工場案内係の人，福祉関係の仕事の人など，さまざまな立場で掲載
されているが，数は少なく，また，そこには，ある傾向があるように感じた。
それは，女性の仕事が固定化され，補助的な役割になっているということだ。
　たとえば，新聞記者が女性であると，デスクと編集局長が男性である。博
物館の人は男性で，学校の資料館の人は女性，工場で組み立てをしている人
は男性で，案内をしているのは女性である。また，地域防災などの会議で真
剣に議論している写真に写っているのは，ほとんど男性だった。そして，校
長として登場しているのは，どの教科書も男性だった。結局，教科書を見て
いると，社会で活躍しているのは男性であり，それを支えているのが女性で
あるという印象を受けてしまう。これが，見えないカリキュラムとなって，
子どもたちの意識を育てていく，だから，教科書は変わらなければならない
……ということが今までも言われてきた。もちろん，そのことは，考えてい
かなければならないし，大切な事だ。しかし，すべての教科書に目を通すな
かで，改めて感じたことがあった。それは，この教科書に掲載されている男
性の数の多さは，現代の社会の実態を示しているということだ。教科書は，
実際に仕事をしている人に取材し，教材化している。つまり，そこに登場し
てくる仕事をしている人，あるいは責任ある立場にある人の多くが男性だと
いうことは，社会の現在の姿がそうであるということなのである。したがっ
て，極端に言えば，意図的に女性の活躍を切り取らなければ，教科書に男性
と同じようなスタンスで，女性が掲載されることはないということになる。
教科書のありようとして，どこまでそれを意図的にしていくかということは，
課題のひとつであるが，教科書を通して，どんな社会をつくっていきたいか
ということにつながっている。
　子どもたちがつくる未来の社会。それは，男性，女性とかいうのではなく，
一人ひとりがその力を発揮して，さまざまな役割や責任を担い，誰もが幸せ
に暮らしていけるというものであってほしい。性別役割分業を無くしていく
ことは，LGBTの視点からも大切なことになる。教科書から社会が見えたが，
一方で社会をつくる子どもが使うのが教科書だということを忘れてはならな
い。

あとがき

　大学の４年にもなると周囲の男友達には段ボール何箱分ものダイレクトメールが来るらしい……そんな噂は気になるけれど，どうせ入れる会社はひとつだし何とかなるさ。それより，自分は仕事と家庭の両立，できるかなあ。

　男社会のなかで４年間を過ごし，まだジェンダーという言葉を知らない私の考えることは，この程度であった。しかしその約10年後，ある教科書会社の公民教科書に関する編集会議で単元のタイトル決めのアイデアを出している時，私にもその時がやってきた。

　「労働と余暇」でいかがでしょうか？　その提案があっさりと了承された時がそれだった。自分はそうじゃない。第１子を産んで復職したばかりの私にとって，労働と対になる言葉はどう考えても余暇ではなかった。時計を気にして家に帰り，待ち受けているのは家事と育児。私という例外があるのに普遍的なものといえるのか。そういえば，「姓は血縁を表す」という解説を読んだ時もそうだった。少なくとも多くの女性にとって，それはあてはまらない。こんな出来の悪い説明がなぜまかり通っているのだろう……。

　今では少し勉強をして，「個人的なことは政治的なこと」の具体例だったということがよくわかる。そして，自分が感じることを言葉にして説明することもできるようになった。学びは，私を強くしてくれた。世の中も少しずつではあるが変化している。

　そして私が大学で学んだ社会科学に対する違和感の理由も，長い月日がかかってしまったが，少しずつ理解できるようになってきた。社会科学の理論や思考の枠組みは，人によってつくられたものである。その枠組みそのものにバイアスがあれば，結果もまたバイアスを含んだものとなる。おまけに社会科学の理論は，自然科学と異なり実験による検証が難しい。

　社会科は社会科学を親学問としている。教育内容そのものに，また論理の構

あとがき　99

成にバイアスはないのだろうか？　あるとしたらどこに，どのように潜んでいるのだろうか？　それを見つけたら，どのように再構成すればいいのだろうか？　（言い換えると）今の授業のままでいいのだろうか？　そうして作り上げたものが黙殺される時，それはなぜなのだろうか？

　本書を手に取った皆さまが，このような思いのどれかを感じた時，何とかしたいと思った時，児童・生徒・学生に今までとは異なる側面から未来を切り開く力をつけたいと思う時，本書が参考になれば幸いである。

　この本の執筆者たちはそれぞれの段階にあり，自分なりの疑問を抱き，試行錯誤をしてきた。そしてそれを持ちより，会のメンバーからアドバイスをもらいながら，拙いながらも考え，実践してきた。ご意見などあれば，遠慮なくお寄せいただきたい。本書が，皆さまが学校生活や授業でやってみたいことの背中を押し，何かのヒントになり，実践のベースとなれば甚幸である。

編集委員を代表して　升野　伸子

執　筆　者 (執筆順)

○は編集委員を指す
所属は 2018 年 2 月現在

井山　貴代　伊勢原市立桜台小学校 (第 1 章)
「安全なくらしとまちづくり―火事を防ぎ，地震に備える―」『社会の危機から地域再生へ―アクティブ・ラーニングを深める社会科教育―』東京学芸大学出版会，2016。「自分たちのくらしの問題として受けとめるために―小学校 4 年『健康なくらしとまちづくり～ごみはどこへ～』」『18 歳までに育てたい力―社会科で育む「政治的教養」』学文社，2017。

○金　　玹辰　北海道教育大学 (第 2 章)
「アメリカの地理教育におけるジェンダー学習の展開と特質―NCGE の Finding a way Project を手がかりに―」『中等社会科教育研究』第 27 号，2009。『地理カリキュラムの国際比較研究―地理的探究に基づく学習の視点から―』学文社，2012。

○升野　伸子　筑波大学附属中学校 (第 3 章・コラム 1)
「男女差別が見えにくい現代社会で，『ジェンダー教育』をどう進めるか」『社会科教育の今を問い，未来を拓く』東洋館出版，2016。『中学公民　日本の社会と世界』(共著)，教科用図書，清水書院，2016。

塙　枝里子　東京都立府中東高等学校 (第 4 章)
「自らの在り方生き方を考えさせる指導の工夫―生命倫理の実践発表を踏まえて―」『全公社研紀要』第 13 号，2016。「他者と共に生きる自己を考察する授業―高等学校『倫理』におけるジェンダー教育の可能性―」『都倫研紀要』第 55 集，2017。

石本由布子　茨城県立藤代紫水高等学校 (第 5 章)
「体験的な学習活動を取り入れた日本史授業の実践―近代以前の衣料原料を題材に―」『中等社会科　21 世紀型の授業実践―中学校・高等学校の授業改善への提言―』学事出版，2015。

齋藤　慶子　日本女子大学（第6章）
『「女教員」と「母性」―近代日本における〈職業と家庭の両立〉問題』六花出版，2014。「甲府市における『有夫女教員問題』―社会科歴史教材の一事例として―」『中等社会科教育研究』第32号，2014。

熊本　秀子　湘南白百合学園中学・高等学校（第7章）
「博物館と連携した歴史教育の試み―『総合的な学習の時間』における実践から―」『日本史攷究と歴史教育の視座：村田安穂先生記念論集』早稲田大学メディアミックス，2004。「弁護士との協同による『対立と合意』・『効率と公正』の授業―思考力を育てる教材への発展」（種村求と共同執筆）『法と教育』vol.6，2016。

○國分　麻里　筑波大学（第8章）
『植民地期朝鮮の歴史教育―「朝鮮事歴」の教授をめぐって―』新幹社，2010。「韓国の学校教育における市民教育」『18歳までに育てたい力―社会科で育む「政治的教養」』学文社，2017。

梅田比奈子　横浜市立瀬ケ崎小学校（コラム2）
「子どもたちにとって切実性のある人権教育とは―在日韓国・朝鮮人児童とともに生きるために―」『社会科教育研究』第84号，2000。「市民性教育におけるNIEの有効性―キー・コンピテンシーの育成を目指して―」『「キー・コンピテンシー」に基づく学習指導法のモデル開発に関する研究―思考力・判断力・表現力の育成と「言語活動の充実」を図る学習のあり方―』国立教育政策研究所，2010。

社会科ジェンダー研究会　事務局
つくば市天王台1-1-1　筑波大学人間系学系棟B421　國分研究室

女性の視点でつくる社会科授業　2018 年 2 月 28 日　第一版第一刷発行

編 者　升　　野　　伸　　子
　　　　國　　分　　麻　　里
　　　　金　　　玹　　辰

発行所　㈱ 学　　文　　社

発行者　田　　中　　千　　津　　子

東京都目黒区下目黒 3-6-1　〒 153-0064
電話 03(3715) 1501　振替 00130-9-98842
http://www.gakubunsha.com

©2018　Nobuko MASUNO, Mari KOKUBU,
　Hyunjin KIM
JASRAC 出 180214008-01
Printed in Japan

落丁・乱丁本は，本社にてお取替えいたします．
定価は売上カード，カバーに表示してあります．
印刷／亨有堂印刷所
ISBN978-4-7620-2775-8　検印省略